El secreto de la *sanación emocional* y el crecimiento personal

Ricardo Silva Rodríguez

El secreto de la *sanación emocional* y el crecimiento personal

PANORAMA

superación

El secreto de la sanación emocional y el crecimiento personal
Ricardo Silva Rodríguez

Primera edición: Panorama Editorial, 2014

D. R. © 2014, Panorama Editorial, S. A. de C. V.
Manuel Ma. Contreras 45-B, Col. San Rafael,
06470, México, D. F.

Teléfono: 55 54 70 30
e-mail: ventas@panoramaed.com.mx
www.panoramaed.com.mx

Texto © Ricardo Silva Rodríguez
Fotografía portada: ©Prixel Creative, usada para la licencia de Shutterstock.com

ISBN: 978-607-452-506-9

Impreso en México

A mis hijos

Miriam, alma de niña, temple de hierro.
Josué, corazón de gitano, buscador incesante.
Ana, ternura de niña, corazón de león.

Los amo

Índice

Agradecimientos

Las personas cercanas a mí saben que este libro y *Frases llave para la sanación emocional. Crecimiento personal sin terapia*, no existirían sin la colaboración y participación directa, como asesora y colaboradora, e indirecta, desde su calidad de mujer, amiga, compañera, y a veces guía regañona, de María Luisa Pelayo García. Gracias "Luigivi".

Agradezco la colaboración indirecta de todos los peregrinos que han pasado por mi consultorio, dejándome un cúmulo de aprendizajes contenidos en este libro para disposición y beneficio de los lectores.

A mis psicoamigos, participantes activos de los psicoencuentros, fuente principal que dio origen a estos libros y en quienes he encontrado alegría, aprendizaje y compañerismo verdaderos.

Al pequeño "Tian" (Sebastián) quien a su corta edad se ha convertido en el porrista número uno de mis libros.

A Dios por permitirme vivir esta maravillosa experiencia, que espero ayude a muchas personas, además de ser mi aportación para disminuir el dolor y sufrimiento humanos.

Dios los bendiga.

Ricardo Silva

Introducción

Hace tiempo publiqué mi primer libro *Frases llave para la sanación emocional. Crecimiento personal sin terapia*, producto del desarrollo, cambios y ajustes ocurridos tanto en mi vida personal como profesional.

Lo sucedido desde esa fecha hasta ahora que publico mi segundo libro ha sido igualmente intenso en el sentido emocional. Aún recuerdo las palabras de mi querida maestra en el arte de la terapia Gestalt, Martha Preciado Medina† (q.e.p.d.), "crecer duele".

El secreto de la sanación emocional y el crecimiento personal fue escrito en medio de ajustes, confrontaciones y crisis. Sin embargo, las crisis personales, los trabajos de mis pacientes en consulta así como los hallazgos en los psicoencuentros con mis "psicoamigos" me han llevado finalmente a percibir la naturaleza de la sanación emocional y del crecimiento personal misma que intento compartir contigo en este libro.

Al leerlo no sanarás mágicamente, ni siquiera yo que lo escribí lo logré con facilidad; tampoco encontrarás en él fórmulas mágicas ni conjuros que te lleven a la sanación. Al igual que en *Frases llave*..., en este volumen intento describir de la manera más sencilla posible la naturaleza y el origen de los factores que impiden el crecimiento personal, el reconocimiento de la sanación emocional o lo fácil y difícil que conlleva la sanación.

Lo que sí encontrarás son indicadores sobre lo que estás o no haciendo para no alcanzar la sanación y, por ende, el crecimiento personal; además de caminos que te harán salir del lugar y estado emocional y psicológico en los que te encuentras.

Sin embargo, nada de esto sucederá si no eres consciente de que la sanación y el crecimiento pueden ser tan fácil o difíciles según los manejes. Ahondaré más en esta cuestión en el último capítulo.

Probablemente encontrarás temas controversiales que te confronten con la "realidad" que estás viviendo, o incluso habrá algunos otros que te resulten irreverentes pero estoy convencido de que conocer el secreto de la sanación emocional y el crecimiento personal, te ayudará a encontrar un camino diferente que te facilite resolver problemas de tipo existencial, psicológico, emocional y espiritual, es decir, propiciar un cambio de actitud ante tu vida y tus relaciones personales. Esos son mis mejores deseos.

Ricardo Silva

El misterio de la sanación emocional

Son muchos los años de experiencia que tengo en este amoroso e intenso trabajo siempre buscando que las personas que confían en mí le den un giro a su vida hacia la salud emocional y el crecimiento personal. La sanación emocional es un verdadero misterio en el sentido que es difícil darnos cuenta del tiempo o los hechos que deben ocurrir para lograr sanar una herida emocional.

Como terapeuta, una de mis grandes satisfacciones es ver los cambios de mis pacientes, sin embargo, hay ocasiones en que el tiempo transcurre sin que se note ninguna mejoría.

Por eso me parece importante observar el misterio de la sanación y tratar de responder a las preguntas: ¿qué es la sanación emocional? ¿Cómo saber que ya estamos sanos? ¿Por qué algunas veces decimos que ya estamos sanos y no es cierto? O al contrario, ¿por qué algunas veces decimos que aún no estamos sanos y lo estamos?

Hace tiempo una expaciente regresó a mi consultorio y al verla pensé que algo se le había presentado una vez más. En su proceso anterior trabajó dos temas: su relación con su madre y su pareja, quienes no reaccionaban como ella lo deseaba. Hicimos algunos trabajos intensos con las dos personas implicadas y pronto se dio de alta.

Al llegar mencionó estar confundida y asustada. Le pregunté si acaso se habían intensificado los problemas con su madre y su pareja. "No, ellos ya no me conflictúan. He tenido algunos desencuentros con mi mamá como hace tiempo pero las últimas veces mi respuesta ha sido 'órale madre, está bien'; con mi pareja ocurre lo mismo, hace poco viajamos y como siempre discutimos, y sólo me dieron ganas de responderle lo mismo que a mi madre. ¡A partir de entonces me siento tan bien! Pero Richard, no sé si esto es normal, si está bien o es un autoengaño. Tal vez es una estrategia mía para evadir el conflicto o un mecanismo de defensa", dijo.

"¿Qué es lo que te lleva a responder así?", pregunté. "Pues nada, sólo que pienso que no vale la pena insistir para que mi pareja o mi mamá hagan o se comporten como yo quiero. Simplemente digo, ¡pues total! Su vida es su vida y mi vida es mi vida. Y me siento muy bien, muy cómoda, pero no sé si es real y normal que me sienta así", expresó.

Hasta aquí el reporte de mi paciente. Obviamente cuando no estamos acostumbrados a estar bien, y logramos estarlo, lo experimentamos como algo raro.

En otra ocasión uno más de mis pacientes me dijo: "Me siento muy bien, pero esto es muy raro en mí".

Así llegué a la conclusión de que cuando nos acostumbramos al conflicto, a la tensión y al estrés, la paz y la armonía se vuelven sospechosas. Las personas que creen no estar bien, que no están sanas, tienen vivencias de estar siempre enfermas.

"A veces no te das cuenta —le dije a un paciente—, cuando ya estás del otro lado".

¿Dónde está el misterio de la sanación?

En el ambiente terapéutico es muy común que las personas tengan claro la naturaleza de su conflicto y lo que pueden hacer para dejar de sufrir y aún así se siguen "sintiendo mal".

Mi estimada maestra Martha Preciado Medina decía que "siempre estamos creciendo, lo que a veces no crece en nosotros es la conciencia de ello". A partir de mi experiencia terapéutica intentaré elaborar una hipótesis que explique el misterio de la sanación emocional pues estoy convencido de que existe una tendencia natural hacia ésta.

Al hablar de sanación emocional damos por hecho que existe una herida emocional que tiene que sanar, no refiriéndonos a una herida física, aunque ésta también tenga una tendencia natural hacia la sanación.

Hay una gran cantidad de heridas emocionales pero sólo abordaré las más frecuentes en consulta.

Toda herida emocional tiene un origen. Las heridas más fuertes son resultado de la frustración de las necesidades psicológicas y emocionales también más fuertes. Según Abraham Maslow, uno de los grandes pilares del humanismo, son:

- Necesidad de seguridad.
- Necesidad de estima.
- Necesidad de pertenencia.
- Necesidad de amor.

Cuando como adultos buscamos desesperadamente la seguridad y la certeza, cuando se vive siempre en la incertidumbre, en la desconfianza y en el miedo, es probable que se deba a una herida producto de la frustración en la necesidad de seguridad en la infancia.

Cuando buscamos afanosamente el reconocimiento de los demás, el respeto, la admiración y la gloria, y sufrimos mucho por no conseguirlo, es probable que tengamos una herida proveniente de la frustración de la necesidad de estima en la infancia.

Cuando como adultos nos afecta tanto sentirnos marginados de nuestro grupo de amigos, equipo deportivo o de trabajo, o nos duela intensamente no ser tomados en cuenta en las decisiones familiares, etcétera, es posible que carguemos una herida emocional por la frustración de la necesidad de pertenencia.

Finalmente, cuando nos aferramos al amor de una persona de forma obsesiva y desesperada y repetimos incesantemente que no podemos vivir sin ella "porque es la única por quien realmente me he sentido amado" y otra serie de barbaridades, es porque probablemente haya una herida provocada por la frustración de la necesidad de amor en la infancia.

Recibir estas necesidades en la infancia es indispensable, si no se cubren se genera una herida.

Todas las heridas tienen un nombre que las hace sangrar durante mucho tiempo. En la necesidad de pertenencia frustrada, el nombre de la herida es *rechazo*. La persona afectada se aferrará a "sus pertenencias": su esposa, sus hijos, sus hermanos, sus padres, etcétera. "Quieras o no seguiré siendo tu..., quieras o no, tú o ustedes seguirán siendo mis...". Hay un fuerte apego y posesividad.

La herida que se genera por la frustración de la necesidad de estima se llama *desvalorización*. En estas circunstancias las personas adultas son fácilmente heridas cuando alguien no les reconoce su esfuerzo, capacidades, inteligencia o habilidades. Ante esta frustración la respuesta es la agresión. "Si no puedo hacer que me valores, haré que me temas", de hecho, muchas veces la agresión es el sustituto de cualquiera de las cuatro heridas. "Es mejor ser agresivo que sentirme herido" pero no olvidemos que atrás de cada individuo agresivo se esconde un niño herido.

La herida que se genera por la frustración de la necesidad de seguridad se llama *incertidumbre*. Es una de las más dificiles de sanar, según Maslow. Muchas veces los matrimonios se mantienen más por evitarla y sentirse seguros que por amor. La incertidumbre está en todas las áreas de la vida de la persona y hace que éstas no se sientan seguras de nada, adoptan una personalidad "y sí" (¿Y si me va mal?, ¿y si me asaltan?, ¿y si llueve?, etcétera).

La herida provocada por la frustración de la necesidad de amor se llama *miedo*. Por eso algunas personas se aferran tanto a la persona amada, por el miedo a perderlo; el resultado es la posesividad y los celos enfermizos. ¿Miedo a qué? A la soledad.

Algunas veces la herida no tiene un origen real, es decir, no se dio el rechazo, ni la desvalorización, ni se hizo algo para que nos sintiéramos inseguros, tampoco el abandono, algunas veces sólo "nos sentimos así". De cualquier manera, real o ficticia, la herida no deja de ser el lugar por el que muchas veces respiramos; es decir, siempre cargamos con ella.

Podemos herirnos en una o en las cuatro necesidades; dependiendo de esto y de la intensidad de la herida serán los efectos en la edad adulta. El efecto más grave puede ser una psicopatología, el menor, una adicción que pretenda disimular la herida.

Es fácil ser heridos en la infancia, cuando somos vulnerables, pues dependemos de lo que nos den los adultos, y éstos no son perfectos para darnos con exactitud lo que necesitamos.

Por tanto, es inevitable que de alguna u otra forma, todos seamos susceptibles de ser heridos. Y lo estamos.

Ahora que sabemos el origen y naturaleza de las heridas emocionales podemos abordar el siguiente tema.

La tendencia natural hacia la sanación

Así como existe una tendencia natural al desarrollo y la maduración en los seres vivos también existe una tendencia natural hacia la sanación. Todos los seres vivos tienden a evolucionar, es una ley natural: nacer, crecer, desarrollarse, dar fruto o reproducirse y morir. Este es el ordenamiento de la naturaleza viva libre de influencias externas. Nada puede quedarse estático a no ser por la mano del hombre, de hecho, sólo éste puede frenar su propio desarrollo natural gracias al libre albedrío.

La tendencia a la sanación es de carácter natural, el cuerpo humano no admite agentes extraños dentro de él, sabe qué es lo que le pertenece y qué no. Por eso, en los trasplantes de órganos se hace todo un estudio para saber si hay compatibilidad (ojalá se hiciera lo mismo con las parejas que desean unirse en matrimonio pues luego resulta que "dejarán de ser dos para ser uno solo", ¿serán compatibles?)

Cuando el órgano es incompatible el cuerpo lo rechaza de forma natural.

Mi experiencia campesina me enseñó que el cuerpo rechaza elementos ajenos a él. En el campo existen arbustos con espinas de diferente índole y algunas veces, después de cosechar maíz por las tardes, terminábamos llenos de ellas. No te las podías extraer del todo, se quebraban y una parte de la espina se quedaba en la carne. No pasaban más de tres días cuando aparecía una mancha rojiza con centro blanquecino por donde poco a poco se asomaba la espina atrapada. El propio organismo se encargó de expulsarla.

Esta es la sabiduría organísmica. Si entra una bacteria o un virus en el organismo este mismo se encarga de combatirlo sin que tú se lo pidas.

Lo mismo pasa con las heridas emocionales; dice un dicho que "no hay mal que dure 100 años, ni cuerpo que lo resista". Confiando en la sabiduría organísmica podríamos concluir que las heridas emocionales tienden a sanar por sí mismas, de manera natural, si es que nosotros no interferimos en el proceso. Entonces, ¿qué es lo que pasa cuando después de tantos años que ocurrió la herida aún nos sentimos lastimados? ¿Cuál es el misterio? ¿Por qué no sentimos o sabemos que ya sanamos? ¿Por qué seguimos respirando por la herida? ¿Será que ya estamos sanos y no nos hemos dado cuenta? ¿Cuánto tiempo tendrá que pasar o qué tendrá que pasar para que sane la herida?

Una herida física, según los médicos, tarda en sanar un promedio de siete días. El tratamiento de una infección viral o bacterial también dura entre siete y 10 días y se acabó. ¿Cuánto tarda en sanar una herida emocional, siete o

10 años? Según la herida es el efecto, depende de quién la produjo, la mamá, el papá, hermano, o tío, y de cuántas veces sucedió. En las heridas físicas el mismo organismo se encarga de restaurarlas.

A las heridas emocionales ¿quién las restaura? El *self*, el sí mismo; siempre y cuando la mente no interfiera. Siempre estamos sanando, aunque no nos demos cuenta.

Mente y self*, dos entidades en una sola unidad*

Hay dos instancias psíquicas involucradas en el fenómeno de la sanación emocional, sólo que debemos abrirnos a esta realidad. Una de ellas es la mente, a quien por tradición y generaciones se le ha dado el poder direccional de la personalidad, sin embargo, he llegado a la conclusión de que "la mente no siempre tiene la razón".

La mente tiende a distorsionar la realidad interna y externa y posee un gran poder, depende en qué lo utilicemos. Hay dos tendencias naturales en el ser humano que apuntan hacia la integración o desintegración, la salud o la enfermedad, y la sanación o el sufrimiento. La mente determina esta tendencia de manera inconsciente.

La otra parte de la personalidad es el *self* o sí mismo, el yo. Está más allá de los procesos psicológicos (pensar, razonar, comparar, recordar, analizar, desmenuzar), procesos del pensamiento o mente.

El *self* es sensación, intuición, acción inmediata. No se conoce, se siente. Un ejemplo, incluido en mi libro *Frases llave...*, trata sobre la premisa de ser hombre o mujer como acto biológico, se nace hombre o mujer pero saberse como tal es un acto de conciencia que involucra la sensación. Te sabes y te sientes hombre o te sabes y te sientes mujer, y decía que es aquí donde a veces la conciencia y la sensación toman caminos diferentes.

El *self* está ligado al organismo total, una cosa es lo que piense de mí y otra cómo me sienta conmigo mismo. Una cosa es pensar que te amo y otra sentir que te amo. Por eso, aquella frase, "El corazón no sabe de razones", tiene mucho sentido para mí.

Es distinto estar enfermo y otra sentirse enfermo, saberse sano y sentirse sano. Una cosa es sentirse herido emocionalmente y otra saberse herido. La mente no siempre tiene la razón.

En otra ocasión, recibí a un paciente aparentemente deprimido porque "estaba enfermo" físicamente, según él. Le pregunte cuál era su enfermedad y dijo:

> —Me hicieron una cirugía en el estómago para tratar mi obesidad, médica y literalmente redujeron mi estómago para que coma menos.
>
> —Entonces no estás enfermo —respondí.
>
> —Sí, estoy enfermo —replicó—. No puedo comer ni beber lo que quiera, como antes, tampoco puedo hacer las actividades físicas que hacía.
>
> —No estás enfermo —dije—, te estás recuperando de la operación pero no tienes ninguna enfermedad. Si tú piensas (mente) que estás enfermo, tu organismo (*self*) se siente enfermo porque se "sabe" enfermo.

Después de dos sesiones sobre este tópico mi paciente se dio felizmente de alta.

Otro caso es el de una mujer que operaron para extraerle un tumor con cierto grado de malignidad. Para no correr riesgos, el médico le extirpó un pecho. Ella acudió a consulta, deprimida y sintiéndose al borde de la muerte porque estaba enferma de cáncer.

Entramos al tema y le dije que no estaba enferma de cáncer, que estaba más sana que nunca. Tenía en su organismo una amenaza de cáncer, sí, pero le fue retirada y requería de un tratamiento para quedar totalmente limpia, pero no estaba enferma de cáncer. "Te estás recuperando de una cirugía, eso sí es verdad. Ten cuidado con lo que piensas porque engañas a tu organismo y le haces 'creer' que está enfermo", dije.

No es que su organismo se sintiera enfermo, se creía así porque ella se lo decía. Cuando creemos, creamos a nivel sensación. Por eso, la entendí cuando dijo "me siguen haciendo cosas que antes me enojaban pero ahora ya no, creo que debería enojarme, sin embargo ya no lo hago, es muy extraño".

En otra ocasión le pregunté a un paciente cuya esposa había fallecido hacia siete años: "¿Te dolió mucho la muerte de tu esposa?". "Creo que sí, viví con ella 27 años, supongo que todavía me duele", dijo.

A nivel de heridas emocionales puede pasar lo mismo, no es que aún estemos heridos sino que nos "creemos" heridos. Si le decimos al *self* que aún está herido, se lo creerá. La mente puede crear sensaciones ficticias y por eso seguimos respirando por la herida. ¿Cuántas de tus heridas ya sanaron y no te "has dado cuenta"? ¿Cuántas heridas tienes aún abiertas porque no has permitido que sanen y te has hecho creer que ya sanaron?

¿Cuándo la mente impide que una herida sane? Cuando te autohipnotizas haciéndote creer que no te duele o no hubo ninguna herida; si no permites que te duela no habrá sanación. El dolor tiene una virtud (lástima que goce de tan mala fama, nadie lo quiere): la de sanar. Toda herida duele, sea real o creída, y el dolor es el requisito para la sanación. La mente puede hacerte creer que no es una herida y que por tanto, no debe dolerte. Pensamientos del tipo "tu madre te pega porque quiere protegerte, no porque sea mala persona", o bien, "te pega porque ella sufrió mucho en su niñez", "no te sientas mal, no lo hizo con mala intención". El dolor no llega cuando la mente antepone una razón a la sensación, sin embargo, una herida tiene que doler y ser aceptada como tal para que pueda sanar. No es que la herida no exista, es que la mente no admite su existencia.

Por tanto, el parámetro para saber que una herida ya sanó es cuando nos ha dolido lo suficiente, cuando la trabajamos de manera personal o con ayuda de un experto.

¿Se dan cuenta? La mente no siempre tiene la razón; su sensación libre no admite interpretación, lectura o explicación. Por ejemplo, un artista "siente" que su cuadro está terminado. Siente, no sabe.

El problema es la disociación mente-*self*. Mientras exista será muy difícil percatarnos de nuestra realidad emocional. Hemos oído hablar de la totalidad pero sigue siendo un misterio experimentarla. La verdad es que no somos capaces de poner atención a nuestras sensaciones y emociones; es difícil dejar de pensar y hacer un alto para sentirnos y observarnos porque hacer esto significa darle paso al dolor. Es esto precisamente lo que hace un terapeuta Gestalt:

favorecer que en su paciente fluya libre de la interferencia mental, lo que tenga que fluir para sanar.

En resumen, el organismo posee una tendencia natural hacia la sanación de las heridas físicas. Ya sabemos lo que son la heridas emocionales, la dualidad organismo-*self* y su disociación. Ahora veamos por qué la mente se resiste a que una herida emocional sane de manera natural utilizando las racionalizaciones para evitar el dolor. El dolor visto en dos sentidos: cuando se acepta la herida emocional original y cuando ésta se pierde mediante la sanación. Lo siguiente está fundamentado en criterios neurofisiológicos y en "el fenómeno del miembro fantasma" (no es albur, no me refiero a ningún marido ausente). Cuando en un accidente se pierde un dedo, una mano, un pie, una oreja o cualquier otra parte del cuerpo, el cerebro mantiene la imagen del mismo como si aún estuviera, incluso es posible que la persona experimente dolor, comezón o cualquier otro tipo de sensación ¡en el miembro que ya no tiene! Esto ocurre porque el cerebro ha generado una imagen de la totalidad del cuerpo, y tendrá que pasar un buen tiempo para que la modifique, cosa que llega a suceder tarde o temprano. De igual manera, mediante la mente, en el cerebro se crea la convicción de que las heridas emocionales llegan a formar ¡parte de la totalidad de la persona! No la rechaza como elemento extraño como lo hace el cuerpo con una espina o un órgano ajeno, sino que llega a considerar la herida emocional como parte del sí mismo, por tanto se resistirá a deshacerse de ella, porque al hacerlo sería una pérdida, y por ende, dolería.

Por ello, la resistencia de muchas personas a abandonar el sufrimiento y la victimez; lo mismo pasa con la dificultad para dejar las adicciones, pues cualquiera que éstas sean se llegan a sentir como parte del organismo. No sólo es cuestión de fuerza de voluntad.

Ahora bien. ¿cómo podemos solucionar este berenjenal emocional? Tendremos que ser conscientes de que somos algo más que mente y *self*, mente y organismo, de que hay algo más en nosotros que nos puede ayudar a salir del hoyo emocional, y lo afirmo gracias al testimonio de tanta gente que ha logrado sanar sus heridas. La paciente de la que hablé anteriormente así lo manifestó: "Me di cuenta que ya no tenía caso seguir enojándome por lo mismo... *me di cuenta*". Esta premisa es una especie de iluminación que llega de lo más sabio que poseemos como seres humanos. De lo más profundo, de lo más interno. Algunos le llaman gracia, el sabio interno, el tercer ojo. Yo le llamo "el tercer observador".

El tercer observador

Si la mente no siempre tiene la razón entonces, ¿quién la tiene? ¿Qué podemos hacer? La respuesta es desconfiar de ella. Esto es muy sencillo realmente. Podemos hacer un ejercicio, si es que estás dispuesto a sanar en estos momentos algo que ya es necesario sanar. Para esto es necesario que no te hagas trampas a ti mismo. ¿Listo? Ponte cómodo y no te distraigas con nada durante los próximos cinco o 10 minutos. Trata de darle por lo menos tres minutos a cada punto.

1. Piensa en una herida emocional, eso que con frecuencia viene a tu mente y que no has podido sanar, lo sabes porque cada vez que lo recuerdas te duele o enoja (el enojo es el sustituto del dolor). También

puedes recordar qué es lo que más te causa dolor. Ahora lo sabes, esa herida está relacionada con cualquiera de las cuatro posibilidades: rechazo, desvalorización, incertidumbre o miedo. Es importante que le pongas nombre, de lo contrario no fluirá.

2. Observa cuáles son los efectos de esa herida. "Esa herida hace que, actualmente yo_____" (Me enoje cuando..., me culpe cuando..., sufra cuando...).
3. Acepta que necesitas ayuda, de alguien que te diga si realmente sigues herido.
4. Crea a ese alguien, dale las características de personalidad que tú quieras o necesites (edad, sexo, complexión, color de ojos, de cabello...).
5. Llega hasta esa persona y platica con ella, háblale de tus heridas emocionales.
6. Pregúntale si tu herida es real, si aún existe.
7. Espera con paciencia la respuesta pero date tiempo para escuchar; cesa de hablar, de pensar, sólo escucha...

¿Cuál fue el resultado? ¿Escuchaste la voz? Si seguiste los pasos al pie de la letra seguramente habrás escuchado que la voz te dijo: "ya no hay herida alguna, todo era una treta de tu mente".

Ese personaje eres tú mismo, tu voz interior más allá de la mente y las sensaciones. Ese es el tercer observador, tu sabio interno o a lo que también llamo "el tercer ojo".

También puedes observar y nombrar a la herida, al dolor, y desde el tercer observador, ver los efectos. Seguramente te darás cuenta de lo ridículo del problema al no encontrar ninguna relación ni argumento válidos para seguir sufriendo.

En muchos casos, cuando la herida original y los efectos escapan a la conciencia no será posible sanar desde el tercer ojo. En estos casos habrá que acudir a un tercer ojo u observador externo, es decir, a un psicoterapeuta. Es responsabilidad de éste ayudar a que su paciente habilite su propio tercer ojo pues hay muchos pacientes que querrán funcionar en la vida con el ojo del tercer observador externo, que se sujetarán a lo que su terapeuta les diga y seguirán sus instrucciones al pie de la letra, pero esto no es sanar.

La huella nunca es la pisada

En mi pueblo llueve demasiado. De niño me divertía al pisar y plasmar una huella en el suelo mojado o lodoso. Sentía cómo mi huarache se hundía en el lodo y era una sensación agradable. Al día siguiente, después de un día soleado contemplaba mi huella en el piso y recordaba la sensación, impregnada en mi mente; sonreía, ponía otra vez mi pie en la huella... y volvía sentir lo mismo aunque no pasaba lo mismo.

Una cicatriz no es una herida pero la mente se empeña en creer que sí. El problema es que la mente se queda con la sensación de dolor y le da lo mismo recordarlo que vivirlo, por eso le damos crédito de realidad al dolor recordado. "Recordar es vivir", como dice el refrán.

En las heridas emocionales la huella en el suelo son las cosas, circunstancias, palabras o acciones actuales que nos duelen porque nos remiten inconscientemente al dolor lejano que experimentamos ante la pisada real, es decir, ante la herida original.

Este fenómeno se parece al tañido de una campana, el sonido que se produce ante el golpe del badajo sobre ésta. En un pueblo, el sonido se escucha a varios kilómetros de distancia. Según los expertos, el sonido llega a nuestros oídos después de algún tiempo de haberse producido el golpe, de manera que escuchamos la reminiscencia del golpe original. El sonido se irá desvaneciendo. Si te acercas a la campana después de algunos segundos y pones tu oído sobre la pared de la campana aún escucharás levemente esa reminiscencia sonora.

Las heridas emocionales generadas en la infancia dejan su reminiscencia en el adulto. La cicatriz no es la herida, es la mente la que recuerda el dolor de cuando ésta se produjo.

La mente no siempre tiene la razón. Abstráete. Obsérvate desde afuera. Conviértete en el tercer observador, en el tercer ojo y date cuenta de la verdad. Después de esto ya no tendrás argumentos para amargarte la vida.

Los cuatro factores que inducen al sufrimiento

El sufrimiento es tan antiguo como el origen del ser humano. Desde siempre, las personas sufrimos porque somos humanos y tenemos la capacidad para reaccionar como todos los seres vivos. Es así como el dolor y el sufrimiento, que no son lo mismo y lo aclararé más adelante, son inherentes y exclusivos de la especie humana.

En cuanto a la historia de la sanación, sabemos de una gran cantidad de métodos curativos para todos los gustos y necesidades. Siempre han existido personas que buscan sanar esas heridas emocionales por medio de pociones curativas, rituales, amuletos, y limpias. En conclusión, tratan de evitar el sufrimiento y el dolor. El budismo, por ejemplo, propone el no sufrimiento a través del desapego a las cosas materiales y humanas para alcanzar el nirvana.

Hay una gran cantidad de personajes interesantes en el arte de sanar las heridas emocionales: brujos, chamanes, iluminados, sabios, santos... y psicoterapeutas, últimamente.

Ha sido tan grande la necesidad de sanación que años a.C., existió una comunidad que se dedicaba exclusivamente a la sanación física y del alma, se les conocía como "los terapeutas" y eran capaces de sanar y resucitar muertos. Pertenecían a una comunidad derivada o seccionada del pueblo hebreo a quienes les llamaban los esenios. Al parecer el propio Cristo, durante su desaparición de las Sagradas

Escrituras a la edad de 12 años aproximadamente, emigró a esta comunidad, donde se dice aprendió el arte de sanar milagrosamente y el arte de la resucitación. Mismos que puso en práctica a partir de su aparición pública a los 33 años.

Trataré de contribuir al arte de la sanación emocional desde un enfoque psicológico, filosófico y antropológico pues he concluido que la sanación emocional tiene mil caminos. Uno de ellos es saber qué es lo que provoca y mantiene abiertas las heridas emocionales y psicológicas. Si logramos entender su naturaleza y origen, podremos emprender el camino hacia la sanación.

No sé si existirá un "felizómetro" pero si lo hubiera veríamos que existen culturas que sufren menos que otras y no precisamente por cuestiones económicas. Esto tiene que ver con la diferencia cultural y de costumbres, con su filosofía de vida y su lenguaje. La historia misma está hecha de formas colectivas de pensamientos, valores universales y creencias que guían el comportamiento de las personas.

He llegado a la conclusión de que muchas veces el dolor se produce por el apego a estas situaciones. Dentro de toda la gama de orígenes del dolor emocional he encontrado, a través de los años y de una gran cantidad de pacientes que han pasado por mi consultorio, que se pueden englobar en cuatro grandes ejes. Sobre éstos giran la gran mayoría si no es que todas las formas de sufrimiento. Algunos de ellos tienen su origen en la filosofía y las religiones y otros son producto de la sociedad misma; son generadores de dolor. Veamos cuáles son.

Creencia en lo permanente

La frase "nunca cambies, sé siempre así" se escucha con frecuencia, sobre todo en las despedidas, después de compartir tiempo con nuestros amigos o al finalizar un año escolar. Tal parece que deseamos que mantengan sus cualidades como seres humanos.

En las parejas o matrimonios es común escuchar las frases "ya no eres como antes" o "ya no me dices las cosas que me decías antes". Hace tiempo, mientras autografiaba libros y platicaba con algunos de mis amigos actuales, se acercó una antigua amiga a saludarme y expresó, con cierto tono de reclamo, cómo es que yo había cambiado. Mi respuesta fue ¡gracias a Dios! Por supuesto que no le agradó y jamás he vuelto a verla.

Si la creencia está fuertemente instalada en la idea de lo permanente, entonces los cambios serán productores de dolor, frustración y sufrimiento. Es decir, a nadie le gusta que la gente cambie. Esta idea de lo permanente es auspiciado desde el seno familiar, lo refuerzan las escuelas, y lo cronifican las religiones.

Esta creencia tiene su origen en las primeras grandes manifestaciones de la filosofía, y posteriormente en formas de pensamiento común. 500 años a.C. Parménides proponía y hablaba de lo permanente de la esencia. Para él, los cambios sólo se daban de manera aparente, lo esencial no cambia. Después de cientos de años, esta teoría pasó al dominio popular de manera inconsciente y colectiva, desde la premisa de que "las cosas, inclusive la vida misma eran permanentes y eternas". Nos enseñaron subliminalmente que todo debe permanecer como es. Así, aprendimos que las cosas son para siempre.

El matrimonio, los hijos o los padres son para siempre, el amor es para siempre. Por eso se han creado miles de posturas, dogmas y credos intentando fortalecer esta idea. Se ha hablado de pociones para la juventud eterna, de la resucitación, de la vida después de la vida y por si esto fuera poco, se postula la reencarnación: volver a nacer en alguna otra criatura viviente.

Otra situación que motiva a fortalecer la idea de lo permanente es la necesidad de seguridad. Todo parece indicar que las personas se niegan al cambio por el temor de perder su zona de confort aunque no sea lo suficientemente satisfactoria. Así se forman las fronteras de la familiaridad que postula la psicoterapia Gestalt, el refrán así lo reza: "Más vale malo por conocido que bueno por conocer".

Por eso, si tienes muchos cambios en tu vida, ya sea de estado de ánimo o de empleo, eres un inestable. Si has tenido muchas parejas también lo eres (por eso yo sólo alcancé a tener 35 novias antes de casarme, cosa que siempre me cuestionaron). Los cambios son inevitables, y cuando tú los provocas siempre se dan en busca de la felicidad pero no siempre serán aceptados. Muchas veces, con el uso indiscriminado de los conceptos propios de los manuales de psicopatología, por tus cambios de estado de ánimo serás catalogado como bipolar o "depre". El cambio es productor de dolor y sufrimiento por la creencia de que todo debe ser permanente.

Sin embargo, como todo en la vida tiene un opuesto, existe otra teoría también filosófica y a la par de las propuestas de Parménides, hecha por uno de sus contemporáneos: Heráclito de Éfeso, conocido como el filósofo del "devenir". Este concepto conlleva la idea de que todo está por llegar, algo nuevo sucederá, o a cambiar de manera inevitable. Para el filósofo griego, todo está en movimiento de manera natural. Nada es permanente, ni la vida misma. Cientos de años después, un tlatoani azteca conocido como "el rey poeta" lo diría en uno de sus poemas: "no para siempre en la tierra, sólo un poco aquí" (Nezahualcóyotl).

Desde esta postura se concluye que lo único permanente es el cambio. Sin embargo, para eso no nos educan. Nunca nos dicen que desde el momento en que algo inicia ya se está terminando, y que como dice un poema "nunca nada ocurre dos veces".

La verdad es que nunca nada puede ser igual dos veces, "nunca te bañas dos veces en el mismo río, pues nuevas aguas corren tras las aguas" (Heráclito). Ni el río ni tú son los mismos. Así como nadie puede hacer que amanezca, nadie puede evitar el cambio. De hecho nada termina, sólo cambia. El cambio es productor de dolor por la creencia de que algo se terminó, se acabó. Desde el momento en que naces ya caminas hacia la muerte, la vida no es otra cosa más que un proceso hacia dejar de ser. A los cambios, durante generaciones y en el sentido cultural, los hemos teñido con la idea de que son el "final de algo", nos oponemos a ellos y el resultado es el dolor.

Entre más te opongas al cambio, más te duele. De hecho, he llegado a la conclusión de que tenemos miedo de soltar nuestros apegos emocionales como el sufrimiento, el resentimiento y la culpa por el temor de no saber quién voy a ser sin... El cambio es temido por desconocido, lo no conocido asusta, por eso alimentamos la idea de lo permanente. La vida es evolución pero también involución. Estamos programados para evolucionar, para mejorar cada día, pero sólo es posible mediante el cambio. Todo cambio es bueno por el simple hecho de ser un cambio. Nada puede permanecer sin movimiento sin que se corra el riesgo de que se atrofie. La única manera de evolucionar es aceptar la inevitabilidad del cambio; ver el cambio como algo positivo.

Un paciente se encontraba en un dilema, tenía una relación extramarital y muchos problemas con su esposa, estaba en proceso de tomar una elección. Un día me dijo que se había decidido por su novia y se iba a separar de su esposa. Me preguntó qué me parecía y le respondí que era buena idea. Pasó el tiempo y en una de las sesiones expresó haber cambiado de idea, iría a hablar con su esposa para que acudieran los dos a terapia y así poder estar bien con ella. Preguntó qué me parecía y contesté que era buena idea, si así lo había decidido. "¡Cómo! —vocifero— si me voy con mi novia me dices que es una buena idea, si decido quedarme con mi esposa también. No te entiendo". Argumenté que las dos decisiones eran una buena idea porque de lo que se trataba realmente es de que hiciera algo diferente a lo que venía haciendo; que le faltaba un cambio en esos momentos de su vida y sería no sólo bueno sino necesario.

Si los resultados serán buenos o malos, eso lo sabrás hasta que hagas el cambio. Lo que era sano para él era moverse, salir del hoyo, desatorarse. Las aguas estancadas están condenadas a descomponerse.

En los cambios también intervienen intereses económicos. El sufrimiento vende, la felicidad no. Si la aceptación del cambio como parte inherente del ser conlleva a la sanación y a evitar tanto sufrimiento, y éste es lo que vende, entonces es lógico pensar que es posible que por conveniencia, los interesados oculten la sanidad del cambio y vendan de mil maneras la idea de que "lo sano es lo permanente".

El arte, la música, la literatura trágica y victimezca son los que más venden. El sufrimiento humano es un buen negocio. Por eso, la labor de los terapeutas o psicólogos es desacreditada por los adictos al negocio y los defensores de la cruz: "no vayan con los psicólogos, están más locos que ustedes".

Conceptos lacrimógenos

Pocas veces nos detenemos a sopesar el valor psicológico de los conceptos y palabras. No conozco mucho de otros idiomas pero se dice que el español es el que más variedad de palabras tiene para referirse a una sola cosa. Este idioma está plagado de conceptos hirientes, dolorosos, por eso les llamo "lacrimógenos" o generadores de lágrimas.

Como mencioné al inicio de este capítulo, según las investigaciones existen algunas culturas que sufren más que otras. Tengo la impresión de que esto tiene que ver con el lenguaje, con las palabras que se utilizan para describir una experiencia, con el nombre que se les da a esos actos de por sí dolorosos.

Se dice que los latinos somos más "emotivos", de hecho, esto suele ser una crítica bastante conocida en el ámbito internacional. Los latinos, especialmente los mexicanos, somos más sensibles. En contrapartida, se dice que en algunos países europeos como Alemania, Inglaterra y España las personas son más "ecuánimes", y así es. Gracias a mi profesión he tenido la oportunidad de trabajar con argentinos, uruguayos, españoles, estadounidenses y de manera indirecta con alemanes.

He sido testigo del choque cultural y emocional en los hijos de parejas formadas por un alemán y una mexicana. Mientras él es frío, estreñido emocionalmente, ella es sumamente emotiva, diarreica emocional. El desconcierto y la confusión recae en los hijos.

Sí, nuestro querido español mexicano es muy lacrimógeno. Basta recordar que los diminutivos *ito/ita* son de origen náhuatl. Así, se lee en el *Nican mopohua* (*Aquí se narra*), relato en náhuatl que narra las apariciones de la Virgen de Guadalupe: "Ella, la virgen, se dirige a Juan "Dieguito" como "hijito", el más "pobrecito". (Nada de pobrecito, según los estudiosos, Juan Diego pertenecía a la realeza azteca por la forma como subía al *tepetzintli* o cerro, con la cara hacia la salida del sol).

El diminutivo mexicano es un derrame de ternura utilizado miles de veces. Es fácil darse cuenta que estos sufijos son "ternurígenos" (generadores de ternura).

Por ejemplo, llega una persona a cenar tacos en un puesto callejero, de esos que abundan en México. El taquero pregunta: "¿Qué le sirvo joven?". "Me da por favor ocho taquitos, con bastante chilito y verdurita porque tengo mucha hambrita, —responde el comensal—, ahhh, y una cervecita bien heladita". "Mire joven —responde el taquero— ¡si me vuelve usted a hablar en diminutivo le parto su madre!". "Perdón, ya no quiero nada, aunque los tacos se ven "esquizos" he perdido el "apeto".

Los mexicanos somos expertos en crear conceptos ternurígenos como son traición, abandono, desilusión, engaño, fracaso, decepción, humillación, pérdida e infidelidad.

El idioma español está plagado de estos conceptos. Trataré de resignificar algunos que surgieron de los participantes al correspondiente psicoencuentro.

Traición

Supone el hecho de que alguien que dijo iba a ser de tal o cual manera de repente ya no lo es; o algo que se acordó y de repente alguien dejó de hacerlo. Algunos ejemplos son:

- Un amigo, considerado así, revela a alguien más algo que tú le pediste no contar a nadie.
- Tu novia te dijo que sólo a ti te quería pero te enteras que todavía quiere a su "ex".
- Tu esposo o esposa, quien prometió ante el altar serte fiel en lo próspero y en lo adverso, amarte y respetarte ¡hasta que la muerte los separe! (por cierto, nadie tomó en cuenta la menopausia; según "Luigivi", muchos divorcios coinciden con la aparición de esta etapa) decide no cumplir con el trato.

La traición es un concepto sumamente lacrimógeno. Una asistente a mi psicoencuentro reveló que su marido se fue con otra y que eso era una traición que la "recontraencabronaba" (léase recontradolía). Me preguntó qué otro concepto no lacrimógeno podía ponerle y escribí en el pizarrón: "en este mundo no hay traiciones, sólo libres elecciones". Insistí que si quería revolcarse en los vidrios y seguir llorando sangre podía ponerle "traición".

La sociedad concibió a la traición como una forma de castigo para todos aquellos que se revelan a lo que estaban obligados. Ciertamente, una traición es el hecho de dejar de cumplir con una obligación. Sin embargo, apegándonos a los derechos humanos, todos podemos dar marcha atrás a algo que nos está resultando dañino, en algunos casos para nosotros mismos o para las personas que queremos bien.

Puede ser que este concepto también sea autoaplicable, es decir, cuando no cumpliste con lo que te prometiste a ti mismo, entonces es posible que te flageles diciéndote "me traicioné a mí mismo", a eso se le llama culpa.

Ya lo dice el refrán "es de sabios cambiar de opinión" pero la gente amante de las reglas le llama traición, para que duela y se mantenga abierta la herida.

Abandono

Son muchos los casos que he atendido donde el paciente se queja del "abandono" de su padre o madre, de su pareja o esposo, refiriéndose a que se fue de su casa.

El abandono es un concepto que conlleva la acción de "dejar desamparado", de ya no ocuparse de la persona "abandonada", hecho que seguro sucede pero que muchas veces no se da de esta manera, sino que sólo se piensa y se siente como tal.

El abandono es en sí mismo hiriente, duro y pesado. Aquí un ejemplo:

"Estoy harto de que mi papá me trate de controlar, de que me trate como su hijo cuando a los tres años me abandonó; nunca volví a saber de él hasta que apareció de nuevo en mi vida", dijo. "¿Te abandono a ti, o sólo se fue de casa por problemas con su esposa?", pregunté. "Supongo que se fue por problemas con mi mamá. Además, nunca dejó de estar al pendiente de nosotros, aunque estuviera lejos". "Eso no es abandono —dije— y escribí en el pizarrón "no es lo mismo abandono que distanciamiento". En realidad, tu papá sólo puso distancia de por medio".

La persona que sufre el abandono piensa a la persona que tomó distancia como alguien sin sentimientos, a quien no le importa la suerte ni el sufrimiento de sus seres queridos.

La palabra *abandono* es cruel en su significado, dramática para quien la vive y flagelante para el "abandonador". Por eso, lo considero un concepto lacrimógeno, generador de dolor y sufrimiento permanentes.

Sin embargo, el abandono también puede ser real. Si es así, es una oportunidad para darte cuenta de tu dependencia hacia quien siguió sin ti. No puede haber abandono cuando puedes ser autodependiente. De hecho, en algunos casos el abandono real es una oportunidad para que pongas en acción tus mejores herramientas y te des cuenta de lo capaz y valioso que eres.

Desilusión

Nada más fuerte y doloroso que escuchar a la persona que amas decirte "me has desilusionado". La desilusión es un concepto lacrimógeno para quien la provoca y la recibe; implica dolor porque parece ser que no eres lo que el otro esperaba de ti, eso te pega en el ego, te duele en el alma.

El desilusionado queda dolido porque "le quedaste mal", "le rompiste el alma" y además se flagela a sí mismo diciéndose "seguramente no soy digno de su respeto". La autoestima también se ve afectada con preguntas del tipo, ¿cómo es posible que me halla hecho eso a mí que siempre le di lo mejor?

La desilusión es fuerte no sólo entre parejas. Es lacrimógena entre padres e hijos, entre hermanos y parientes cercanos. Nada más doloroso para un hijo que saber que ha desilusionado a sus padres. Muchas veces esto es lo que se lee en los mensajes que dejan los suicidas. Lo mismo pasa cuando un padre o madre escucha de sus hijos que "lo han decepcionado".

Sin embargo, la desilusión es sana aunque sea dolorosa. Implica que una ilusión ha sido rota o terminada, lo cual es sano porque eso indicaría que estabas viendo algo que no era real en la persona que te desilusionó. Las ilusiones son creaciones personales que no corresponden a la realidad. Por tanto, cuando alguien te desilusione puedes decirte a ti mismo "bienvenido a la realidad". Te darás cuenta que no era lo que tu creías (o creaste). La desilusión acompaña a la decepción, cuando alguien te decepciona es como si le estuvieras diciendo "no eres lo que yo esperaba". Eso duele pero es sano porque seguramente esperabas más de lo que esa persona era o te podía dar.

Si alguien te desilusiona no es su culpa, ¡tú alteraste tu percepción! No eres víctima de ningún engaño. Lo mismo pasa si tú desilusionas a alguien, no es tu culpa, la persona desilusionada vio en ti algo que no eras.

Fracaso

Escuchar la expresión "eres un fracasado" duele mucho. Sentirse un fracasado ya sea porque te lo digan o te lo digas es bastante lacrimógeno. Pasa lo mismo cuando te dicen o te dices "eres un retrasado mental" o "estás operado del cerebro o qué".

El fracaso conlleva la idea de un retraso o una pérdida de tiempo, en algunos casos, de pérdida de dinero o esfuerzo inútil. De hecho, este concepto es humillante por sí mismo; cuando alguien te llama "fracasado" te sientes chinche (sin ánimo de ofender al insecto).

Las personas pueden ser crueles cuando se lo proponen. Saben dónde y cómo pegar. La sociedad ha creado conceptos lacrimógenos para castigar a quienes se salen de la norma o las reglas, de los convencionalismos sociales de los que hablaré en el siguiente tema.

Es común y frecuente escuchar a las personas adultas referirse al divorcio como un fracaso. "Pobrecita fulanita de tal, ¡ya va por su tercer fracaso!". Una sobada en la cabeza y un golpe al hígado en una sola frase, qué belleza posee el idioma español.

Se habla de fracaso cuando no pudiste ingresar a la universidad, cuando no pasaste el examen Ceneval o el Nacional, para los médicos, después de tres intentos; cuando perdiste la oportunidad de ingresar a un buen trabajo, o el libro que escribiste no se convirtió en un *bestseller*; cuando no has "triunfado", es decir, no tienes una vida económica cómoda o con lujos, o cuando la chica que te trae arrastrando la cobija y ensuciando el apellido te batea cada vez que le lanzas los perros. Y así podría seguir hasta el cansancio. Son miles de veces las que utilizamos este concepto lacrimógeno.

Las heridas emocionales se mantienen abiertas por el uso de conceptos lacrimógenos. Ahora quitémosle el veneno al concepto.

No puede haber fracaso cuando algo se ha aprendido de la experiencia dolorosa, y creces y maduras a partir de ella. "Crecer duele", diría mi maestra Martha Preciado. El dolor de una experiencia es lo que hace posible la maduración pero la mayoría de las personas lo considera como algo que nunca debió suceder. No puede haber fracaso en la ruptura de un matrimonio cuando era necesaria para que cada uno tuviera una mejor calidad de vida, incluyendo a los hijos.

El único fracaso sería aquella experiencia dolorosa en la cual no se aprendió nada. Sin embargo, sigo creyendo que no puede haber pérdida sin ganancia. Cuando algo dejó de ser abre la posibilidad de una nueva forma de vida. Cada fracaso esconde una oportunidad de crecimiento brillante. No le llames fracaso a esa experiencia dolorosa en la que no pudiste lograr o mantener lo que te proponías, analízala bien y te darás cuenta que si no lo pudiste obtener o conservar es porque ya no era sano para ti o para el otro. A veces nos aferramos a circunstancias de la vida que ya no nutren al espíritu pero los amantes del "debeísmo" se esfuerzan para que te mantengas como estás.

Pérdida

Cómo duelen las pérdidas, ¿verdad? Se pierde un amigo, una pareja, un trabajo, una mascota, un objeto preferido, una etapa de la vida, una ilusión, etcétera.

La pérdida es uno de los conceptos lacrimógenos más cantados, escritos y mencionados. Está en miles de canciones, en poesía rasga-piel, en novelas y películas donde los pañuelos desechables se utilizan al por mayor, y se relaciona con otros tres factores: la idea de lo permanente, convencionalismos sociales y la validación de la propiedad privada. Como decía anteriormente, el dolor vende, y bien.

Una pérdida siempre conlleva dolor; perder es quedarme sin tal objeto, momento, persona... Eso es precisamente lo lacrimógeno, la idea de que lo perdido, dejó de ser o ya no existe. En algún psicoencuentro una señora me preguntó qué pasa cuando realmente pierdes (por muerte) a un ser querido. "No lo has perdido" —le contesté— sólo dejó de estar contigo físicamente y eso es lo doloroso. Aún lo tienes en tus pensamientos, en tus recuerdos, que en principio pueden ser dolorosos pero con el tiempo los recuerdos sólo serán eso y no habrá dolor. Lo que duele es aprender a vivir sin lo perdido".

La pérdida es algo que dejó de ser o estar; después de vivirla, lo que lastima es el cambio pues nada puede ser igual. La vida se modifica cuando algo o alguien ya no está con nosotros, adaptarnos a estar sin lo que teníamos es doloroso. Aquí es donde se liga la idea de lo permanente y el lenguaje es traicionero, en vez de decir "hubo un cambio doloroso en mi vida", es más fácil y entendible decir "tuve una pérdida". Lo primero implica que hay que vivir el dolor, rehacerte o recuperarte; lo segundo es un "¡Huy, pobrecito! Cuánto debes estar sufriendo por la pérdida irreparable de..." ante esta frase no queda otra que revolcarse en los vidrios.

Infidelidad

Es el acto o acción, como la infelicidad (acto de no ser feliz), de no ser fiel. En la antigüedad se les llamaba a los no cristianos "infieles" porque no creían en la doctrina cristiana.

La palabra infidelidad está ligada a la mentira, a la traición, al engaño, a la humillación, ¡sólo conceptos lacrimógenos! Generalmente, el término es aplicado en las relaciones de pareja, concretamente en el matrimonio. Veamos algunos actos que pueden y son considerados como infidelidad; iré de menos a más.

Primer caso. Ella o él descubre en el celular de su pareja un mensaje comprometedor "deseo que hoy tengas el mejor de todos los días, te lo mereces por ser tan buena persona". ¡Uh, ya valió! Se desató el drama. No adivinan cómo me ha aumentado el trabajo a partir del glorioso invento del celular y de la red social Facebook. Frases más o frases menos en el celular pero ninguna en el sentido claro y directo de que somos novios o amantes. No importa es ¡infidelidad!

Segundo caso. Él o ella mandan o reciben mensajes del tipo "eres una persona maravillosa", "qué bueno que existan personas como tú", etcétera. Sin embargo, y lo sé por mi trabajo, no hay una relación de pareja ¡sólo es afectividad! Ya sea por teléfono o por Facebook de cualquier manera es ¡infidelidad!

Tercer caso. Alguno de los dos tuvo un encuentro casual con otra persona hasta llegar al contacto físico: besos, caricias, en pocas palabras, cachondeo. ¡Infidelidad!

— Amor, pero todo fue producto de la fiesta y del alcohol, ¡ni siquiera sé cómo se llama!

— No importa, si hubo cachondeo es ¡infidelidad!
— Amor pero tú sabes que sólo te amo a ti.
— Si me amaras realmente no hubieras llenado de babas a esa tipa.

Cuarto caso. Él o ella tuvo un acercamiento más íntimo, es decir, relaciones sexuales con otra persona:

— ¡Por qué lo hiciste! Seguramente ya no me amas, mejor dímelo.
— Amor, sí te amo, fue sólo un momento (en realidad varios) de calentura.
— No importa. Eso es ¡infidelidad!, si realmente me amaras no lo habrías hecho y hubieras pensado primero en mí.

Quinto caso. Él o ella descubre que su pareja ama a otra persona. No sabe si tiene una relación, o relaciones sexuales pero lo seguro es que sí la ama (se dio cuenta a través de los celulares y del Facebook, o por chismes). Lo curioso del asunto es que a él o a ella también le dice que le ama. Aquí se mezcla la mentira con el engaño, ¡a esto es a lo que le llamo infidelidad, desgraciadez y cinismo!

Para muchas personas, aunque su pareja ame a otra persona, si no ha tenido contacto físico ¡no hay tanto problema! No es tan dramática la infidelidad como cuando sí lo hubo.

A mi juicio, la infidelidad basada en contacto sexual con otra u otras personas, no es infidelidad sino promiscuidad sexual. Algún problema debe haber en el área sexual, ya sea de manera individual, en su historia personal o en la práctica sexual insatisfactoria con su pareja.

Cuando sólo se crean lazos afectivos con otras personas no es infidelidad, es carencia afectiva que la pareja "legal" no cubre. (Esto no es una justificación, es una explicación del fenómeno) no digo que tengan razón sino que tiene una explicación.

Alguna vez pregunté a un grupo de 60 matrimonios cuál es la garantía para la continuidad y conservación del matrimonio, algunos contestaron que el respeto, y la gran mayoría, la fidelidad. "Para mí la única garantía es el amor —dije—. La infidelidad solamente es un acto de cobardía cuya base es la ausencia del amor".

Cuando descubro en las parejas con las que trabajo que ya no hay amor por diferentes motivos, sea que no lo cultivaron o en realidad nunca lo hubo, lo que sugiero es que si van a seguir juntos lo hagan con las "cartas boca arriba", es decir, aceptando que ya no hay amor.

Muchas veces las heridas emocionales en las parejas se originan y mantienen por un concepto equivocado de la infidelidad. Donde no hay amor no hay infidelidad, sólo actos de cobardía. Por eso es tan importante alimentar el amor, algo que no se da mucho en las parejas recién casadas, porque existe la creencia de que el matrimonio es un estado cuando en realidad es un proceso, y dejan de alimentarlo. Por eso alguna vez en un grupo de terapia de parejas dije: "Muchas veces el matrimonio es la mortaja del amor".

Convencionalismos sociales y religiosos

Un convencionalismo es la legalización o adoctrinamiento de actos "que convienen", ¿a quién? Se supone que a la sociedad, a la religión y al orden establecido. Hay una película que me llamó mucho la atención, *El show de Truman*, protagonizada por Jim Carrey. Al personaje central, Truman, se le ha creado un mundo, un *reality show* donde todas las personas que viven en la ciudad de Seaheaven son actores a quienes se les paga por jugar los roles que se les asignan. Truman nació en esa ciudad y el creador de este mundo se llama Christof (qué nombres tan sugerentes). En un guión estaba escrita su vida y Truman la vivió en las circunstancias que una persona le asignó.

Suponiendo que nosotros también viviéramos la vida según un guión, ¿quién lo escribiría? ¿Quién o quiénes han decretado el orden establecido en la sociedad? Por supuesto que no fue Dios quien escribió nuestros guiones de vida (hablo de guiones, no de destino), no ha sido Él quien decidió lo que norme nuestra vida y acciones. Tenemos nuestro propio "Christof", que no es una sola persona sino instituciones que siempre han existido en la historia de la humanidad y evolucionaron a través de los años. Estas son familia, escuela, gobierno y religión.

No quiero hacer en esta disertación una apología destructiva de los convencionalismos, si son así es porque son convenientes. "¿Para quién?", preguntó un asistente al psicoencuentro. "Para la convivencia social", respondí.

A alguien importante de la sociedad (clero, gobierno, educación, sociedad civil) se le ocurrió que el matrimonio era bueno, lo puso a consideración o lo impuso, como en algunas sociedades ocurrió con la religión cristiana y desde entonces se convirtió en una regla y un deber ser. Estoy convencido de que ese primer "alguien" lo propuso porque le convenía.

Viene a mi mente una anécdota con cierto grado de humor negro, pero no por eso rechazable para mi objetivo, que me contó uno de mis pacientes y me sirve para darles una idea del origen de los convencionalismos.

Había una persona a la que le decían "el tamalito", no por sabroso, engordante y picante, sino porque ¡no tenía piernas ni brazos! Seguramente había perdido sus extremidades en algún accidente o no sé por qué, mi paciente omitió ese detalle. Un día nuestro personaje quiso ir al circo, y en el espectáculo de los leones amaestrados, ya saben el domador con su látigo y su sillita dentro de una jaula con los leones haciendo malabares, "el tamalito" permanecía sentado viendo a los leones saltar por aquí y por allá.

En un descuido, el domador dejó la puerta de la jaula abierta y ¡los leones salieron! La gente espantada empezó a gritar despavorida y a correr cuando los leones se acercaron a las graderías y entre gritos y empellones comenzaron a salir. "El tamalito" gritó, "¡no corran, no se muevan de sus asientos, si corren les va peor!".

¿Qué razones reales tendría la persona que inventó el matrimonio? Al ser un convencionalismo se mezclan tres grandes instituciones: la escuela, la religión y el gobierno. Se nos educa para que seamos buenos esposos y padres de familia, hacemos una carrera para tener un buen trabajo para mantener a la familia. Nos casamos para que nuestros hijos queden protegidos por la ley y hereden nuestras propiedades. ¡Ah! y además nos casamos para santificarnos. A mi juicio, el matrimonio se inventó para normar y legalizar la monogamia pues con ésta se evita la promiscuidad, el sexo indiscriminado, las enfermedades de transmisión sexual y los hijos regados por donde quiera, como la leyenda revolucionara y mítica de Gabino Barrera.

"Esto no conviene a la sociedad, hay que reglamentarlo" (diría quien inventó el matrimonio). Seguramente no le fue tan bien en sus relaciones de pareja. Aún con todo, lo anterior no se ha podido erradicar.

Sin embargo, estoy convencido de las bondades del matrimonio siempre y cuando medie el amor y no la conveniencia.

Como un factor que induce al sufrimiento, miles de personas sostienen su matrimonio más por obligación y el deber ser que por amor, que a mi juicio, es lo único que puede sostener un matrimonio.

Nuestra cultura y costumbres están plagadas de convencionalismos sólo que han sido elevados a la categoría de valores y, por tanto, no es fácil desestructurarlos aunque causen daño. Un ejemplo es la virginidad, que durante muchos siglos fue considerada un valor y se convirtió en una parte importante de la cultura mundial. Tuvo un impacto muy fuerte en la vida de la mujer, son cientos o miles de casos dramáticos donde las mujeres han sido víctimas de tratos horrendos, hasta llegar a la muerte, por no haber conservado su virginidad hasta el matrimonio.

A mi juicio éste ha sido y sigue siendo un convencionalismo infame productor de muchas lágrimas, dolor y muerte. Hoy día he descubierto que muchos resentimientos del hombre hacia la mujer, después de 15 o 20 años de casados, son porque la noche de bodas en la que se consumó el matrimonio su mujer ¡no sangró! Es decir, ya no era virgen. En la actualidad la ruptura del himen no obedece únicamente a la penetración peniana sino a cualquier otra actividad brusca.

> Venga Pilarica que estoy muy indigna'o, muy. (Ya sabes, Manolo el gallego)
> ¿Por qué, Manolo? Acaso no he sido de tu agrado en nuestra primera noche de bodas?
> No es que no hayas sido de mi agrado, que has estado intensa esta noche Pilarica. Es sólo que me he percata'o que no eras virgen.
> ¿Y qué? A ti te falta un testículo y no me importa.
> Sí, pero sabes que fui torero y fue por la cogida de un toro, ¡coño!
> ¡Joder! ¿Y crees que lo mío fue por un ladrillazo o qué?

Ciertamente no es fácil abstraerse o trascender convencionalismos que han sido ancestralmente alimentados.

La vida sexual de las personas está llena de convencionalismos. No por nada es uno de los principales factores en el sostenimiento o resquebrajamiento de un matrimonio. Sabemos que no es lo más importante pero sí que es uno de los más importantes. Desde las posturas en el acto sexual, hay quienes rechazan categóricamente cualquier variación más allá de la tradicional postura conocida como "el misionero" pues al parecer era la única que aceptaba la religión católica por lo menos durante la conquista y civilización de los indígenas en la nueva España.

En cuanto al número de veces a la semana o al día también hay convencionalismos. Una paciente me preguntó cuántas veces a la semana sería normal hacer el amor. "Depende —dije—. Si a ustedes les gusta hacerlo todos los días de la semana eso sería lo normal. Si les apetece hacerlo dos veces también es normal. Habrá quienes lo hagan como receta médica, antes o después de cada comida, y eso también sería lo normal para ellos".

Debemos considerar la existencia de algunos trastornos de la personalidad que alteran la vida sexual, como la impotencia, la ninfomanía o la frigidez. Son asuntos de salud mental o física que no forman parte de esta disertación.

El mito de la propiedad privada

Es uno de los factores más sutiles en la generación de sufrimiento ya que muy pocos pueden percatarse de este engaño gracias al sistema social, político y económico en el que vivimos. Tal vez cueste trabajo entenderlo pues parecería que los sistemas económicos o de convivencia social no tienen nada que ver con el sufrimiento, sin embargo, la situación económica puede ser motivo de frustración y depresión.

La desigualdad social es abismal y lacerante. México es un país de contrastes en materia de la distribución de la riqueza: mientras unos cuantos nadan en la riqueza la gran mayoría de mexicanos se ahoga en la pobreza pero no es eso de lo que quiero hablar. Esta realidad genera otro tipo de frustraciones y dolor. El sufrimiento al que me referiré es aquel generado por un mito que es propio del sistema capitalista, la validación y legalización de la propiedad privada.

No hay nada que aparezca en la vida social y económica de un pueblo que no impacte su vida psicológica y por ende emocional. Aquí un ejemplo:

Hace muchos años en la postrimería de la Edad Media y ante la imposibilidad del clero para controlar la educación en crecimiento por medio de las universidades catedralicias, fue necesaria la apertura de nuevas universidades, más allá de las catedrales y dirigidas por personas fuera del clero, aunque bajo la tutela, vigilancia y supervisión del mismo. Así inicia la era científica pero antes de que comenzará sólo se admitía como real y verdadero lo que la Iglesia permitía; el mundo era plano, sostenido por Dios y los planetas giraban en torno al planeta Tierra.

Con la aparición de científicos como Copérnico, Kepler, Newton y Galileo Galilei, el poder de la Iglesia se tambaleó. Galileo Galilei propuso que la vida y el universo están regidos por leyes inmutables y universales. Las leyes en física de Isaac Newton afirman que "a cada acción corresponde una reacción, en sentido inverso y en la misma intensidad".

Todo avance científico impacta en el pensamiento humano; en el campo de la psicología se deduce que si el ser humano es parte del universo entonces su comportamiento también está regido por leyes. Fue así como años después surgió la corriente psicológica denominada conductismo.

De la misma manera un sistema económico que rija la vida de un pueblo genera también una forma de pensamiento. Sin ahondar en el tema, porque no es la idea ni lo importante para este libro, sabemos que han existido, el socialismo, el comunismo, y el capitalismo, y en un principio, el comunismo primitivo.

Cada sistema conlleva una ideología, una forma de concebir la vida. El comunismo prácticamente ha desaparecido y el socialismo se ha degradado demasiado, según estimo, en los pocos países donde existe, como en Cuba.

Cada día el sistema capitalista también se degrada. Su fundamento es la legalización de la "propiedad privada", es decir, las personas tienen derecho a poseer un capital (recordar la teoría de Marx y Engels) y todo lo que sean capaces de lograr. Así surgen en el campo los grandes latifundistas y terratenientes, en las ciudades los "casatenientes", en la industria y el comercio los grandes emporios internacionales. Se dice que en la actualidad México se divide entre no más de 300 familias.

¿Cuál es o cómo se da la extrapolación de este sistema económico al pensamiento de la persona? El efecto a nivel psicológico y el pensamiento es la aparición de la posesividad y el apego. La posesividad conlleva la idea de "lo mío", lo que es parte de mí, mi pertenencia, y por consiguiente, mi derecho irrefutable a defenderlo a capa y espada de todo lo que represente una amenaza. Además de hacer lo que me dé la gana con todo lo que tengo por el simple hecho de que me pertenece.

La posesividad y el apego generados en esta teoría económica son factores que producen sufrimiento. El pronombre posesivo *mi* abarca todos los lenguajes, a reserva de una investigación más a fondo que demuestre dónde o quiénes no lo utilizan. Su derivación, *mio*, también es un concepto lacrimógeno difícil de quitar de nuestro lenguaje, por eso se habla de *mi* esposa, *mi* hermano, *mis* hijos, *mis* padres, *mi* casa, *mi* carro, *mi* novia, *mi* dinero, *mi* patrimonio, etcétera. El pronombre *mi* conlleva psicológicamente la idea de la posesividad y por tanto, el derecho legal sustentado en nuestro sistema económico de conservar su pertenencia. Es tan grande y sutil el efecto psicológico de este fenómeno que se han generado grandes tragedias ante la amenaza de la pérdida real de lo poseído. De hecho, estoy convencido de que las guerras sangrientas de la humanidad, al final del día, tienen el mismo fundamento psicológico.

A través de la literatura, la música y otras bellas artes hemos sido testigos de grandes tragedias amorosas: Romeo y Julieta, Tristán e Isolda, Calisto y Melibea, hasta la batalla épica de la caída de Troya por la disputa de una mujer hermosa: Elena. Más cotidianos son los reportes policiacos de los medios de comunicación electrónicos y gráficos, noticias de crímenes pasionales y suicidios por traición o abandono de la pareja. Y qué decir de la depresión que se genera por los duelos, la muerte o pérdida de lo poseído, sean personas o cosas, que muchas veces deriva en un suicidio.

Por mi práctica psicoterapéutica sé que los conflictos interpersonales que trabajo en consulta tienen que ver con este sustento psicológico. Los grandes conflictos de pareja a causa de los celos no son más que el miedo a perder a la otra persona, gracias a la creencia de la pertenencia. Detrás de tantos pleitos está el miedo a perder lo poseído.

Cuando nos referimos a cosas materiales de "nuestra pertenencia" sustentamos su propiedad con el sólo hecho de haberlas comprado nosotros. Puede ser a través de facturas o notas de venta, documentos que lo avalan.

En el terreno psicológico también existen estos documentos: el acta matrimonial garantiza la propiedad de la pareja ante la sociedad civil, o ritual de matrimonio para las distintas religiones. El acta de nacimiento confirma la posesión de los hijos quienes a veces tienen dos propietarios, ¡o hasta seis!, en los casos donde todavía viven los abuelos quienes también fundamentan su poder con el convencionalismo "eres *mi* nieto". Claro, si la vaca es mía, también los becerros ¿no? Y donde muchas veces los abuelos adoptan el rol de padres de sus nietos.

Muchas veces no existe un documento pero existe el compromiso a la palabra: "tú eres *mi* novio y dijiste que siempre *tendría* tu cariño".

Aún cuando no existe documento que avale la propiedad de la persona la dinámica del pensamiento posesivo funciona así:

- "Si eres *mi* novio nadie debe tener más derechos que yo sobre ti".
- "Si eres *mi* hijo tengo derechos sobre ti".
- "Si eres *mi* madre o padre estás obligado a...".

La consabida y tantas veces repetida frase de los padres cuando intentan fundamentar el poder sobres sus hijos "porque soy tu madre", apenas esconde lo opuesto "porque eres *mi* hijo".

Sí. El pronombre posesivo *mi, mio, de mi*, otorga derechos y obligaciones mal entendidos, que sólo son comprendidos bajo el contexto de la legalidad de la propiedad privada, por eso la amenaza de pérdida de lo poseído implica también la perdida de los derechos sobre lo poseído.

Escuchamos en canciones, poesía, literatura o de muchas personas "si tus besos no van a ser míos, no lo serán de nadie", "¿por qué voy a permitir que otro la disfrute?", claro. Nadie quiere compartir *su* propiedad. Dicho así, la creencia en la propiedad privada fomenta el egocentrismo, que no es lo mismo que egoísmo, por cierto.

Muchos padres se aferran a sus hijos, y también generan conflictos con ellos después de que se casan, no los quieren compartir ni con sus nueras o yernos.

Con todo esto nadie se percata del verdadero efecto de la creencia en la propiedad privada. No es que *tú tengas lo que tienes, ¡lo que tienes te tiene a ti!* El efecto psicológico y emocional más fuerte es la dependencia o apego hacia lo poseído.

Lo que tienes no genera apego hacia ti, tú te apegas a lo que tienes y ese apego resulta doloroso en sí mismo.

No es que tú tengas dinero, desde el apego el dinero te tiene a ti. La preocupación, la ambición y tener siempre en la mente las cuestiones financieras hacen que el dinero se convierta en el poseedor de la persona. Despierta pensando en el negocio, en la forma de hacer más dinero, entonces ¿quién tiene a quién?

No es que tú tengas un trabajo, desde el apego el trabajo te tiene a ti. La persona sale de su casa a las siete de la mañana y regresa a las 10 u 11 de la noche. El trabajo es su único tema de conversación. La relación de pareja cayó en el vacío, los hijos no tienen manera de convivir con su papá (o mamá). No hay tiempo para vacacionar. Cuando esporádicamente hay alguna salida, el individuo carga con su *lap* para trabajar en la playa. ¿Quién tiene a quién? Hace muchos años conocí a una persona que me impresionó por su amor y apego a su trabajo, lo conocí en el ambiente del gobierno municipal. Yo era burócrata y él, jefe de bomberos con muchos años de servicio.

Finalmente se jubiló pero era "joven" y decidió trabajar en otra institución del gobierno estatal. Cuando a mí me invitaron amablemente a dejar mi puesto al término de una administración (así se maneja en los gobiernos, simplemente ya no eres útil y te despiden con un "ahueque el ala porque viene a ocupar su puesto un miembro del partido ganador de las elecciones"), pleitos más pleitos menos, terminé trabajando para esta persona en una unidad estatal de protección civil. Mi jefe prácticamente vivía ahí todo el día. Anexo a su oficina tenía una habitación con todo lo que necesitaba.

Pocas veces se supo que acudía a su casa. El hombre no tenía momentos de reposo y algunos lo escucharon decir "el día que deje de trabajar me muero", tal vez eso suceda pero sigue trabajando, ¿quién tiene a quién?

No es que tú tengas una pareja, desde el apego tu pareja te tiene a ti. La persona piensa todo el día en *su* pareja, su trabajo ya no lo realiza con la misma calidad, su pensamiento es un cúmulo de fantasías catastróficas, se crea historia dramáticas de celos y engaños. El tiempo que pasa con su pareja lo convierte en un interrogatorio para ver qué fue lo que hizo durante todo el día, ¿quién tiene a quién?

No es que tengas hijos, desde el apego tus hijos te tienen a ti. La persona no puede hacer nada sin involucrar a sus hijos, todo el día piensa en ellos, en lo que podría pasarles, en lo que les falta, en cuánto la necesitan, quiere estar siempre a su lado. Por ejemplo, una paciente expresó el trabajo que le costaba salir de paseo fuera de la ciudad porque sus hijos, mayores de 20 años, "la necesitaban a su lado". Al finalizar la sesión se percató que no eran sus hijos los que no querían soltarla sino ella. Un caso parecido me ocurrió a mí cuando recién me había separado y siempre enviaba mensajes a mis hijos mayores de edad, excepto a Ana que tenía 14, aduciendo que aún necesitaban tenerme a su lado. Mi autoengaño terminó cuando tiempo después, un día del padre (otro convencionalismo social) ¡no recibí ningún mensaje de felicitación! ¿Quién tenía a quién?

Por ello digo que sin darnos cuenta, desde el apego el poseedor es lo poseído. Desde el apego y la dependencia lo poseído se convierte en el poseedor.

Definitivamente, la tragedia humana está teñida por este factor tan sutil y aparentemente inofensivo sistema económico.

Por otro lado, nombré a este capítulo con un productor de sufrimiento humano (el mito de la propiedad privada) porque en mi opinión todo es un engaño.

Sí. En realidad la propiedad privada no existe más allá del pensamiento. En un psicoencuentro, una persona me decía que la propiedad privada es real porque tenemos una casa con escrituras a nuestro nombre.

"Y si es de tu propiedad, ¿por qué tienes que pagar cada año el impuesto predial?", respondí.

Ocurre lo mismo con los automóviles, cada año tienes que pagar un refrendo y hace dos años atrás se pagaba la tenencia, es decir, pagabas por tenerlo. Por todo lo que tengas tienes que pagar, incluso por ganar dinero, para eso están los impuestos hacendarios.

¿Cuántas posesiones y cuánto dinero tiene Carlos Slim? ¿En dónde los tiene? ¿Quién se los maneja? Es fácil entender que él solo no puede administrar todas sus pertenencias.

Actualmente soy catedrático de la Universidad del Valle de México (UVM) institución que he escuchado pertenece al señor Slim. Tengo casi ocho años trabajando ahí y nunca lo he visto detrás de ningún escritorio administrando *su* escuela. Entonces, ¿a quién pertenece? Dicen que el equipo de futbol Chivas del Guadalajara pertenece a Jorge Vergara, pero no recuerdo haberlo visto alguna vez en la banca dirigiéndolos. ¿De quién es el equipo?

¿Qué pasa entonces con este mito de la propiedad privada? Trataré de responder mi teoría basándome en un hecho histórico.

En 1910 existió un personaje importante del movimiento revolucionario en México, Emiliano Zapata. De ascendencia campesina, su revolución era *por* y *para* los campesinos, su lema fue "La tierra es de quien la trabaja". Peleó contra el caciquismo pues en esa época la mayor parte del campo mexicano estaba en manos de unos cuantos terratenientes (lo mismo que pasa actualmente con la economía mexicana). "Miliano", como le llamaban sus compañeros de lucha, peleaba por la posesión de un pedazo de terreno para sus campesinos. Sin embargo, probablemente no lo veía así ni sabía de estos berenjenales psicológicos, su lema revolucionario señala lo que realmente existe más allá del mito de la propiedad privada. "La tierra *es* de quien la trabaja" implica la idea de que lo único real, lo único que existe es la relación, es decir, si los campesinos trabajan la tierra, están en contacto con ella, la hacen producir, la cuidan, abonan y protegen, entonces es de ellos. Lo que importa es la relación no el título de propiedad.

En *El principito* de Antoine de Saint-Exupéry, el zorro le pide al principito que inicien una buena amistad. Éste le pregunta cómo puede hacer eso y el zorro le pide que lo domestique. "¿Qué es domesticar?", preguntó el principito. "Crear lazos. Así, yo seré para ti y tú para mí", respondió el zorro.

El zorro le pide cuidarlo, corregirlo, orientarlo y formarlo. Lo importante es la relación, no el título. Ésta es la que le da sentido a la vida, la que aporta al espíritu y, que me perdonen los amantes y creyentes en los títulos de propiedad, porque de ellos es el reino del sufrimiento. Por cierto, ahora le encuentro sentido a algunas frases del Sermón de la montaña: "Benditos los pobres de espíritu [¿los que no se apegan a nada?], porque de ellos es el reino de los cielos [¿el reino de la tranquilidad y la armonía?]". "Benditos los que lloran [las pérdidas generan dolor], porque ellos serán consolados [¿romperán el apego y la dependencia?]".

Tal vez piensen que mi postura intenta lavarles el cerebro o lo tomen como un juego de palabras para conformarse con lo que se tiene, no se trata de eso sino de encontrar la fuente y la manera de evitar o disminuir el sufrimiento y esto no es ningún engaño.

La propiedad privada no existe, lo único real es la relación que se ejerce entre una persona y otra, o alguna cosa. Es cierto que en el lenguaje nuestro principal medio de comunicación no nos permite desligarnos de este engaño. En programación neurolingüística se afirma que lo que hablas o dices genera una programación en el sentido neurológico. En la psicología de la Gestalt el lenguaje puede crear condicionamientos psicológicos, si dices "no puedo" ten la seguridad que no podrás. Es por eso que los pronombres posesivos generan el engaño de la propiedad privada. Sin embargo, también es una realidad que sería extraño si alguien te preguntara si tienes una pareja y tú le respondieras: "tengo una relación sentimental con fulanita", o si te preguntaran si aquéllos son tus hijos y les contestaras "bueno, la verdad es que hay una relación padre-hijos entre ellos y yo". ¡No! Definitivamente el lenguaje no nos ayuda y el sistema capitalista de producción, menos.

Lo único que podemos hacer para no dejarnos arrastrar por el sufrimiento cuando de manera inevitable se viva un desprendimiento es recordar que solamente se perdió la relación, que esa persona o cosa no eran de mi propiedad. Por tanto, nadie puede perder lo que nunca ha tenido.

El dolor por lo que no es amor

Recuerdo un cuento de Jorge Bucay que les platicaré a *grosso modo*. La historia se desarrolla en algún lugar de la Europa medieval, en la época del rey Arturo y su mesa redonda llena de caballeros fieles y leales. Por algún extraño embrujo, el rey cae muy enfermo y ninguno de sus médicos de cabecera podían sanarlo. En medio de su desesperación sir Galahad, el más fiel de sus caballeros, va en busca de la única persona que podría curar a su rey: una bruja que su majestad había corrido de la ciudad por sus malas artes y desde entonces habitaba en una lejana montaña. Hasta allá fue sir Galahad para pedirle su ayuda; la bruja pone la condición de que sir Galahad se case con ella y así curará al rey. El caballero acepta a pesar de la horrible apariencia de ésta. Llegan al castillo, la bruja prepara sus brebajes y se los da a tomar en pequeñas porciones. Al día siguiente, el rey se despierta con buen apetito y humor; el caballero, al ver que su rey estaba curado, se presta a cumplir con su palabra aún ante el desacuerdo del rey, a quien le convence diciéndole que lo único que está sobre la obediencia a su rey es cumplir con su palabra. Una vez desposados, se van a vivir a una cabaña en las afueras del reino. Sir Galahad va en busca de leña para alimentar el fuego y a su regreso a la cabaña se encuentra dentro a una bellísima mujer. La mujer le dice que es la misma bruja pero que tiene el don de ser dos: una bruja horripilante y malévola llena de coraje y resentimientos, o una bella mujer, inteligente y con buenos sentimientos. En retribución al cumplimiento de su palabra para desposarla le daría la oportunidad de elegir a cuál de las dos quería de noche y a cuál de día. El caballero le pide que ella elija pues de cualquier manera él aceptaría tal decisión. Ante tal gesto la bruja decide ser siempre la mujer bella, inteligente y buena, como realmente era, puesto que su rol de bruja lo había tomado como venganza en virtud del rechazo que había vivido durante toda su vida por parte de mucha gente, incluyendo al rey Arturo. Bonita historia.

Durante toda la vida se ha hablado y escrito sobre el amor. De hecho, pienso que es el sentimiento más valorado, escrito, cantado y ensalzado, y también el menos entendido y conocido en su verdadera y más importante naturaleza.

Cuando pregunto cuál es el sentido de formar una pareja o de casarse, la mayoría de las respuestas giran en torno a una sola idea: formar una familia feliz.

Ese es el ideal para el que nos educan y nos forman; nuestro objetivo final de vida es la familia. Hay un libro escrito por un gran amigo mío, Jacobo Díaz Armendáriz, titulado *Familias felices*. Cuando platicábamos sobre este título le argumentaba que una familia feliz requiere de padres enamorados y felices, que no podía ser de otra forma.

Sí, el amor nos transforma. Nos ayuda a evolucionar como pareja y de manera individual. Desgraciada o afortunadamente existen miles de definiciones del amor para cada gusto y preferencia. Para mí, el amor en pareja se reduce a "un interés desinteresado y permanente por el otro".

Hace tiempo di una plática a 60 matrimonios que comencé con una pregunta, ¿cuál fue la última frase que les recitó el cura al final de su ritual de boda? Se escuchaban voces tímidas entre los asistentes, hasta que un hombre respondió en voz alta y firme: "Lo que unió Dios que no lo separe el hombre"... Algunos asintieron con decisión. "Efectivamente —dije— eso dice el cura. Ahora, ¿quién me puede decir quién es Dios?". Silencio... Sabemos lo difícil que es responder a esta pregunta. Después, poco a poco comenzó a escucharse: "Dios es bondad... es caridad... es aceptación total... Dios es amor", y el público asintió. "Estoy de acuerdo con esa definición —intervine— por tanto, se puede cambiar la fórmula matrimonial a 'lo que unió el amor que no lo separe el hombre'".

Entonces, ¿qué es el amor? ¿Cuál es su naturaleza y su virtud? ¿Por qué tantas parejas se separan? La respuesta inmediata es porque no se aman, porque tal vez no conocían la verdadera naturaleza y virtud del amor.

Veamos algunas de las causas por las que se contrae matrimonio en la actualidad.

Algunas mujeres se casaron porque "tenían que", otras piensan que si no se casan a determinada edad "se les va el tren", experimentan la presión social de gente mordaz en sus expresiones ("¿ya mero te casas?", "apúrate o tus hijos más que mamá tendrán abuela") y así acceden al matrimonio.

Los hombres no pueden rebasar cierta edad sin casarse, sin generar cierto tipo de sospecha poco honrosa, aunque también la presión social es muy fuerte.

Aún así, la gran mayoría de las parejas se casan porque "se comieron la torta antes del recreo". Ante este descuido, el hombre "tiene que cumplir" y la mujer debe aceptar "su mal paso" y casarse. Esto último (desde el punto de vista psicológico) es cada vez menos fuerte; el resultado son muchas madres solteras que tendrán que enfrentar otro tipo de calvario distinto al que vivirían si se hubieran casado.

Otras veces los matrimonios fracasaran porque, aunque se hayan casado enamorados, no alimentaron el amor y languideció hasta morir sin que las personas se den cuenta ("nada que no se alimente puede sobrevivir"). Esto ocurre porque piensan que una vez casados todo está concluido. No hay error más grande pues cuando te casas la aventura apenas inicia. Por eso, en un psicoencuentro me atreví a decir (algo que ya había citado anteriormente): el matrimonio es la mortaja del amor. Son palabras muy fuertes para quienes creen que el matrimonio es para siempre.

Soy simpatizante del matrimonio siempre y cuando medie el amor.

La violencia, la agresión, el dolor y el sufrimiento en las parejas ocurre por la ausencia del amor o por un amor mal entendido.

Me doy cuenta que pocas veces las parejas se casan realmente enamoradas. Y si no se casaron por amor esa pareja está destinada a tener muchos problemas o a separarse, generando así un dolor más intenso y convirtiéndose en el blanco de críticas, de miradas desaprobatorias, de estigmas sociales y religiosos, sobre todo las mujeres, para quienes según mucha gente retrógrada "perdieron su valor al divorciarse".

Tristemente he llegado a la conclusión de que la mayoría de los matrimonios se mantiene más por costumbre y miedo que por amor; y eso genera mucha insatisfacción y dolor.

Estoy convencido de que el mejor estado del individuo es cuando está enamorado, y aquí empieza mi disertación sobre la verdadera naturaleza del amor.

Estar enamorado es una gran ventaja dentro del terreno fisiológico y psicológico, parece ser que desde el amor todo funciona mejor.

El amor es energía que se siente en el cuerpo como cualquier otro sentimiento. Dependiendo del sentimiento será la parte del cuerpo que lo experimente. La energía puede tener dos usos: hacia la integración o la desintegración, hacia el bien o el mal; basta con recordar el uso que se le dio durante la Segunda Guerra Mundial con la creación de la bomba atómica.

Según los expertos, el amor es una energía conjuntadora o integradora, contrario al enojo, coraje u odio que contiene sólo energía desintegradora, por eso hace tanto daño al organismo. Para saber el efecto en el organismo por la contención o cronificacion de los sentimientos lean mi libro *Frases llave para la sanación emocional*.

La alegría, la tristeza y el miedo son sentimientos con una mezcla de ambas energías.

Por lo anterior, estar enamorados, experimentar el amor es propiciar un estado fisiológico óptimo. Todo funciona mejor, la sensación es de un bienestar placentero y generalizado. Y no estoy hablando de ver todo color de rosa o de sentir mariposas en el estómago, no, eso es muy comercial y cursi.

Para mí el mejor afrodisíaco de todos es el amor; cuando estás enamorado, no importa la edad que tengas, las relaciones sexuales son maravillosas (con la persona que amas). La aclaración entre paréntesis es para evitar que se piense sin vergüenza que debemos enamorarnos para poder hacer el amor con quien y cuando se quiera. No, no es por ahí.

El amor tiene otra virtud en el terreno psicológico. Existe una canción de la vieja trova cubana, en voz del cantautor Silvio Rodríguez que, además de otras cosas muy interesantes sobre la verdadera virtud del amor, dice:

Sólo el amor
engendra la maravilla,
sólo el amor
consigue encender lo muerto.

Parece ser que la verdadera virtud del amor radica en sacar lo mejor de ti mismo, como en el cuento de Bucay que les conté al inicio. También es cierto que su opuesto, el miedo a perder ese amor, puede sacar lo peor de ti.

Cuando estás enamorado las vendas o los condicionamientos psicológicos caen y te permiten ver nuevos caminos de crecimiento profesional, laboral, personal y espiritual. Cuando estás enamorado estás dispuesto a cosechar triunfos, quizá siempre pensando en la persona que amas. Cuando estás enamorado te transformas y transformas, sólo el amor, en el sentido de ser lo único que se requiere, transforma. Esto es tan real e importante que alguien, hace más de 2000 años, vino a este mundo a proclamar la importancia de amar, y para que no se nos olvidara lo citó como el primero y más grande de todos los mandamientos "amarás a tu Dios y a tu prójimo como a ti mismo". Y vaya que Él no hace las cosas al ahí se va o porque no tiene otra cosa que hacer pues sabemos que debe tener muchas, dentro de ellas, la salvación de los fieles. Quien ama no hace ningún daño a nadie, amar no es un pecado.

La energía de una pareja enamorada es capaz de mover conciencias de manera inconsciente e involuntaria, sobre todo cuando esa pareja se mueve entre mucha gente. Basta ver a los enamorados caminar, hablar, hablarse entre ellos para que la energía del amor invada el ambiente.

El verdadero amor de una pareja revoluciona lo socialmente creído y establecido, lo inerte, lo muerto, lo rutinario;

cuestiona y confronta los convencionalismos sociales porque su amor no reconoce límites ni restricciones de edad, de raza, de culturas o barreras religiosas.

Sé que te preguntarás ¿realmente es posible enamorarse de esta manera? Mi respuesta es por supuesto que sí. La historia está llena de amores que la han transformado, impactando a la sociedad, a las costumbres religiosas y a las leyes civiles.

¿Cuándo es posible esto? ¿Cómo reconocer a la persona indicada? La respuesta es muy sencilla: cuando te encuentras con *tu* hombre, cuando te encuentras con *tu* mujer. Resaltó el "tu" porque no se trata de un pronombre posesivo sino de un fenómeno identificativo. Esto lo explicaré más adelante.

En una sesión terapéutica una paciente me preguntó cómo podía saber si estaba realmente enamorada de su esposo. (Tú, estimado lector, puedes hacerte la misma pregunta para ver si realmente estás enamorado de quien dices estarlo). "Conozco cuatro elementos que pueden ayudarnos a tener una respuesta. Todo empieza por el respeto, a la persona a quien dices amar ¿la consideras digna del mismo? ¿No quieres manipular ni controlarla? ¿Le permites ser tal cual es? Si respondiste de manera afirmativa seguro que no te atreverás a hacerle ningún daño y por tanto, considerarás su derecho a ser feliz", respondí.

Por eso la frase que escuché dentro de mí alguna vez tiene mucho sentido en cuanto al respeto "quiero que seas feliz aunque no sea yo el motivo de tu felicidad, lo que no quiero es ser el motivo de tu sufrimiento". Esto indica un respeto hacia la persona pero no necesariamente que la ames. Para eso debe existir la valoración. Ahora bien, a la persona a quien dices amar ¿la consideras de mucho valor para ti y los demás? Valorar a tu pareja significa que te das cuenta y reconoces sus cualidades, habilidades, capacidades y su potencial como persona. Si hasta aquí has respondido que sí no significa que la ames realmente pues también debe haber admiración.

¿Admiras a esa persona? Quien no forzosamente es admirada por los demás, aunque algunas veces coincide. La admiración hacia la persona que dices amar, ¿te hace sentir orgulloso de él o ella? ¿Hablas de esa persona en tus reuniones, destacas sus capacidades y valores? ¿Nunca hablas mal de él o ella?

Si por tercera ocasión tu respuesta fue "sí" no cantes victoria todavía porque el respeto, la valoración y la admiración pueden sentirse por un buen amigo a quien quieres mucho. Hace falta mencionar al cuarto elemento: la atracción físicoquímica, el deseo, la "hormona".

Pablo Milanés describe muy bien este fenómeno en su canción "Para vivir":

> Muchas veces te dije que antes de hacerlo
> había que pensarlo muy bien,
> que a esta unión de nosotros
> le hacía falta carne y deseo también,
>
> Que no bastaba que me entendieras
> y que murieras por mí,
> que no bastaba que en mi fracaso
> yo me refugiara en ti.

Muchas veces sucede al revés, existe la atracción fisicoquímica pero faltan los otros tres elementos. Aquí existe una pasión desbordante pero no amor.

Mi paciente pensó en lo mencionado y preguntó: "¿Debo sentir todo eso por la persona que amo? De alguna manera siento por él los cuatro aspectos pero más en uno que en otro". "La medida es la siguiente —respondí—. Supongamos que en estos momentos Dios te dice "tu vida termina hoy pero en virtud que estoy de buen humor te dejaré seguir viviendo sólo si estás dispuesta a cambiar de sexo". La respuesta de mi paciente fue un rotundo '¡sí!'".

"¡Muy bien! —dije— veo que te gusta vivir. Ahora Dios te pregunta cómo cuál de los hombres que conoces te gustaría ser ¿Le responderías que como tu pareja actual?". Mi paciente frunció levemente el ceño y lo negó. "Entonces no lo amas como creías, él no es el hombre de tu vida", dije.

Aquí retomo la pregunta hecha al principio sobre cuándo es posible amar de esta manera. Cuando encuentres al hombre o a la mujer de tu vida. Sé que suena muy romántico pero existe un argumento validado por la psicología junguiana que a continuación explico.

Carl Gustav Jung expone en su teoría de la personalidad que todo existe en virtud de su opuesto, es decir, los hombres tenemos una parte femenina y las mujeres una parte masculina, con la cual elegimos pareja. Muchas veces la percepción nos traiciona y no elegimos a quien empatiza con nuestra parte opuesta sino a quien creemos que nos conviene. Por eso muchas veces la gente que me escucha se sorprende cuando les digo: "En tu casa puede estar tu esposo o esposa (el *tu* en el sentido de pertenencia) pero no necesariamente *tu* hombre o *tu* mujer". Espero ahora se entienda que cuando a una mujer le digo "*tu* hombre" me refiero al que en realidad empatiza con el hombre que lleva dentro, y cuando le digo a un hombre "*tu* mujer" me refiero a la que empatiza con la mujer que lleva dentro.

No es lo que tienes en casa si en ocasiones se atraviesa en el camino de tu vida tu hombre o tu mujer y piensas que ya es demasiado tarde, o que con lástima tienes que renunciar al verdadero amor, a la posibilidad de sacar lo mejor de ti, de destruir la rutina, el tedio y el espanto, de transformar en milagro el barro, de engendrar la maravilla.

Otras veces tendrás valor y lucharás por ese amor enfrentándote a todos los sinsabores que la sociedad te depare pues como dijo el poeta:

> Pues mujer que se separe
> del legítimo marido
> por otro que haya elegido
> para darle sus amores,
> es causa de mil rumores,
> de calumnias humillantes;
> aunque siempre por delante
> la tratarán de señora.

En definitiva, al lado (no atrás) de cada gran hombre se encuentra "su mujer" y la mayoría de la veces no es la que está en su casa... Y viceversa.

Naturaleza y origen del conflicto

El conflicto es otra forma de sufrimiento pero podemos convertirlo en autoconocimiento y crecimiento. Muchos huímos de él aunque hay a quienes les gusta generarlo y en consecuencia, obtener dolor.

Es común que la naturaleza del conflicto nos genere contratiempos y dolor así que descubramos lo que podemos aprovechar de él.

Normalmente no nos enseñan el para qué de nada, es decir, la parte positiva de un problema, por eso le rehuimos.

Trataré de explicar su naturaleza, su efecto en las personas, además de cómo podemos utilizarlo a nuestro favor para crecimiento personal, porque si existe, algo bueno debe tener.

Cuando algo es malo lo rechazamos de manera automática pero como todo en la vida tiene su opuesto, es decir, si alguna cosa tiene algo malo (que haga daño) también debe tener algo bueno, o si hay algo en nuestra contra también tiene algo a nuestro favor. Hasta la droga que es mala tiene su lado bueno: calmar algunos dolores.

La palabra *conflicto* tiene una connotación de guerra, pleito, molestia, lucha, agresión, violencia o desacuerdo; utiliza cualquier concepto según tu propia historia, es decir, de acuerdo con lo que viviste y sentiste en tu primer conflicto.

Primero quiero desmitificar estos conceptos porque todos son lacrimógenos, sin embargo, en su verdadera naturaleza, el conflicto no es nada de lo que hemos aprendido y por tanto, creído.

El conflicto es el resultado de un dilema interno no resuelto. Un conflicto no es guerra, lucha, agresión, desacuerdo, no es "a ver quién gana" ni un ping-pong . Si le damos todos estos significados no tendremos un crecimiento más allá del dolor.

El conflicto es una dinámica interna, no externa, de cada persona. Puede tener un origen externo, sea algo o alguien, que nos conduzca a un dilema interno.

El conflicto está mal entendido y conceptualizado, sin embargo, es inherente a todos los seres humanos y no podemos ni sabemos evitarlo. Tenemos una naturaleza que corresponde a todos los seres vivos: somos activos y reactivos; caminamos, nos movemos, vivimos, sentimos, pensamos, reaccionamos ante estímulos externos e internos.

Cada persona reacciona de forma diferente ante cada estímulo pero lo que es inevitable es reaccionar; a excepción de quienes por algún problema de tipo neurológico no lo hacen, como los autistas. Además de esta circunstancia, considerada como una enfermedad, todos y de manera natural, somos seres reactivos porque estamos vivos. Esto aplica también a las plantas y los animales, basta con sacarlos de su hábitat para que se estresen, según "Luigivi", quien tiene viveros (terrenos para plantas).

Tanto en humanos como en plantas existe un común denominador: la reacción es inevitable y sufren de estrés.

Las plantas y los animales reaccionan ante estímulos externos pero los seres humanos somos los únicos que reaccionamos ante estímulos externos e internos (que vienen de nosotros mismos).

La forma de reaccionar ante un estímulo interno o externo variará de acuerdo con nuestras propias experiencias y aprendizajes de la vida misma.

Como seres humanos tenemos un mundo interno y externo, es decir, dos motivadores que nos conducen a una reacción. El mundo interno está compuesto por nuestros pensamientos, sentimientos y creencias y este mundo produce cierto tipo de reacciones. Ante un pensamiento "x" hay una reacción "x".

Por ejemplo, ante la generación de un pensamiento erótico o sexual, el organismo reacciona excitándose (o asustándose, según la persona y su historia) así, ante "x" pensamiento, sentimiento o creencia tu organismo reacciona. No sólo lo que te hagan o te digan provoca un sentimiento, con sólo pensar que te están engañando tu cuerpo reacciona, es por eso que debes tener cuidado con lo que piensas y con lo que crees, porque muchas veces no coincide con el exterior. Recuerda "si lo crees, lo creas".

Somo seres que reaccionamos a estímulos externos, sean palabras, actitudes o comportamientos de quienes nos rodean, y a estímulos internos, llámense pensamientos o creencias.

Ahora bien, sabemos que nuestra reacción ante la presencia de cualquier estímulo propicia un movimiento energético que puede convertirse en impulso, necesidad o deseo, cuya satisfacción muchas veces está fuera de nuestro alcance, o bien, es algo que la sociedad, la religión o tus propios aprendizajes prohíbe. Este es el origen del conflicto interno: una fuerza, impulso o deseo que requiere satisfacción y otra fuerza antitética que se opondrá a la satisfacción del mismo.

Ahora lo importante es saber hacia dónde se dirige la reacción o porque reaccionamos hacia un lado o hacia otro; es aquí donde aparece otra maravilla que distingue al ser humano de los animales: el libre albedrío o la capacidad de elegir. Sin embargo, es maravilla y a la vez martirio.

Para actuar hacia la satisfacción o resolución provocadas por el mundo interno o externo es necesario que el organismo tome una decisión sobre la forma como se cubrirá. Los animales o plantas no tienen el problema de elegir y por tanto no tienen conflictos; nosotros como seres humanos sí lo tenemos y se convierte en el factor para generar una situación penosa y estresante. Se puede considerar como una virtud pero es lo que da origen al sufrimiento interno pues ante la presencia de cualquier impulso, deseo o necesidad hacemos un alto y estresados nos preguntamos qué hacer. Entre más opciones y alternativas tengamos, más conflicto interno experimentaremos.

Por tanto, el conflicto es el resultado de dos posibilidades para satisfacer una necesidad, deseo o impulso.

Otra vez: tengo el impulso, deseo o la necesidad para impulsarme a realizar una acción, el problema es, ¿cuál acción? Aquí se presenta la posibilidad y el misterio de la sanidad emocional, la paz y la guerra internas, el misterio de una buena o mala reacción emocional. Todo depende de este momento.

Ante un estímulo tenemos la posibilidad de una reacción sana, o bien, de una que me lleve al enfrentamiento, a la lucha, a la pelea, a la discusión, todo depende del libre albedrío y de las amenazas que aparecen en la conciencia para reaccionar. Esto lo digo porque hay reacciones que no están permitidas por la cultura, costumbres, religiones, miedo y demás convencionalismos sociales. ¡Ya estás en el ojo del conflicto! Si todo estuviera permitido no existiría el conflicto, sin embargo, la realidad es otra y los convencionalismos sociales son necesarios para darle un orden al caos, aunque sean esquizofrénicos.

Aquí se refleja lo que llamo "el poder ignorado que todos llevamos dentro" (que retomaré en el último capítulo): todos tenemos la capacidad de decidir qué hacer con lo que nos está pasando, con lo que estamos sintiendo o con lo que nos están haciendo o diciendo; y al estar presentes la energía, el impulso y la necesidad se debe hacer algo, si no aparecerá la ansiedad y con mayor estrago, la angustia. Es inevitable, no podemos creer que somos robots y que no nos pasa nada. Si no hubiera libre albedrío no habría conflictos ni problemas puesto que no habría opciones.

El conflicto es una lucha interna, lo que deja salir es la bronca, el desacuerdo, la agresión y hasta la violencia como resultado de algo que no se resolvió o se ha resuelto internamente: me voy o me quedo, termino o continuo, me bajo del barco o le hago la lucha. Todo tiene que ver con una necesidad de elección.

El crecimiento y la disminución de la ansiedad se dan cuando nos detenemos un momento a pensar nuestra elección antes de reaccionar inevitablemente aunque no siempre elijamos lo mejor.

Cuando estás listo para tomar una acción y ante la pregunta "qué hago", decides no hacer nada, todo se quedará dentro de ti y empezarás con trastornos y problemas, un mal funcionamiento interno de tu estado fisiológico, emocional y psicológico, ¡un verdadero conflicto! Por ello, debes tomar una decisión, he aquí el misterio de todas nuestras broncas, si quieres darte en la torre, lo vas a hacer pero si te quieres sanar, lo vas a lograr. ¿Quieres ser feliz? Puedes serlo, todo es cuestión de que lo elijas, porque tanto la felicidad como la estabilidad emocional son una capacidad y una posibilidad que todos podemos lograr.

¿Qué es lo que interfiere y me hace difícil mi elección?, ¿qué me provoca miedo o no me permite tomar una decisión?, ¿por qué quiero decidir y no me atrevo?

Son varios los factores que nos impiden tomar una decisión: nuestra historia personal, los aprendizajes, la religión, las creencias, los introyectos, los valores, la sociedad, etcétera; conforman nuestro mundo interno y entre éste y la elección que hay que tomar hay dos opciones, A y B.

El conflicto se da cuando no sabes qué hacer; es exterior aunque se ubique en ti. Todo esto provoca enojo, pleito y lucha con el de afuera, y conflicto interno a través de la agresividad y violencia.

El conflicto es impotencia, frustración, enardecimiento. Al no saber cómo resolverlo internamente genera ansiedad y lo único que queda es sacarla contra alguien que no es la fuente original del conflicto y además, no de la mejor manera, "Pedro la hace y Juan la paga", como reza el dicho en mi pueblo.

Se deben separar las broncas externas de la reacción natural ante una agresión. Es inherente a los seres vivos, si alguien te agrede tú respondes y no obedece a una mala resolución del conflicto. Esto es otra cosa.

Hay que diferenciar a la agresión como un mecanismo de defensa porque está de por medio la integridad física y la agresión ante la dificultad por no poder tomar una decisión. El hecho de no poder tomar una sana decisión es provocada por una percepción alterada.

Si solucionas dentro de ti lo que realmente quieres, deseas o te molesta, en lugar de enojarte con el otro y generar un pleito, elige al diálogo. Tenemos que quitarle el veneno a los conceptos. No es lo mismo enfrentar un problema que abordar un tema sensible. No es lo mismo decir "vamos a enfrentar un problema" que "vamos a dialogar sobre un tema 'x'", pero esto sólo ocurre hasta que ya decidiste qué quieres antes de abordar un tema. Intentar solucionar un problema desde su raíz no se puede lograr, primero hay que decidir qué se quiere pues al saberlo no agredes. La evasión para hablar de algo aparece porque nos imaginamos que habrá agresión y violencia, título que le damos al conflicto.

Un conflicto es igual a una crisis, ¿qué hago, qué digo? y una crisis conlleva la posibilidad de crecer, he aquí el secreto y la virtud del libre albedrío: del enardecimiento y la incertidumbre permanentes pasamos a la tranquilidad y la paz interna, es decir, al perdón, la disolución del resentimiento, y la culpa.

Cuando abordas correctamente un conflicto que inicialmente es interno disfrutarás de una vida más tranquila y armoniosa.

El secreto para mantener tu vida en armonía no significa que se te resbalen las cosas, que no te pase nada, significa que tienes la capacidad de recibir las cosas como vengan, de adentro o de afuera, y tener la mejor opción para solucionarlas. La mejor opción nunca serán el enardecimiento o enfrentamiento.

He aquí la importancia de redefinir el significado de la palabra conflicto puesto que siempre lo relacionamos con pleito y lo que realmente está detrás de éste es el conflicto y si no se resuelve siempre volverás al pleito. En el momento que resuelvas el conflicto interno se acabará el pleito externo.

El conflicto puede ser un camino más para el crecimiento personal. Puedes hacer una pausa antes de entrar a la discusión y pensar ¿qué me pasa?, ¿por qué me enojo?, ¿qué ocurre dentro de mí? Respecto a tu aprendizaje, historia, valores y aprendizajes ¿qué me está sucediendo? Ahí está el crecimiento. Y si tienes la capacidad de "regresarte" de manera cotidiana, mejorará mucho tu vida personal. Puedes analizarlo, darte cuenta que alteras las cosas por algo que tiene que ver con tu vida, con tu inseguridad, con tus miedos, con una experiencia fuerte, dolorosa de tu historia. En ese momento lo acomodas y solucionas el conflicto, y no volverá a ser lo mismo cuando se repita la vivencia. He aquí el secreto y la belleza del libre albedrío, aunque gracias a esto también somos tan neuróticos.

Nada es personal

Vacuna contra el resentimiento y el rencor

Un hecho común que la gran mayoría de los seres humanos ha vivido se resume en el siguiente ejemplo: estás en la esquina con varias personas o amigos, pasa un carro a toda velocidad y de repente, el tipo que va manejando, saca la cabeza y grita "¡eres un estúpido!". Todos le responden "¡eso lo serás tú!" (el ejemplo es muy *light*, en realidad, las ofensas son más folclóricas en nuestro México lindo y querido). De manera automática todos se pusieron el saco, todos pensaron que la ofensa fue para cada uno.

Algo ocurre dentro de nosotros que nos hace pensar "me lo están diciendo a mí"; nos sentimos aludidos y lo tomamos como algo "personal". La pregunta inmediata es ¿por qué todo el grupo se puso el saco?

Es obvio que el efecto de las ofensas o agresiones puede variar de acuerdo con la persona que te las aplica y las formas que utiliza.

Así, existen diferencias entre odio, resentimiento, coraje y rencor porque tienen diferente naturaleza en su carga emocional.

El resentimiento tiene que ver con personas que nos agreden, o con quienes nos sentimos agredidos pero son emocionalmente significativas, es decir, nos une a ellas un lazo afectivo.

El coraje, rencor u odio en cambio, tiene que ver con personas que nos han agredido pero que no tienen ningún lazo afectivo con nosotros, en ese caso sólo nos enojamos y sacamos ese coraje de alguna manera.

Si logramos entender la naturaleza de la frase "nada es personal" podríamos tomar las agresiones u ofensas de otra manera; pocas cosas nos afectarían demasiado, por eso este tema puede convertirse en una vacuna contra el resentimiento y el rencor pues genera el efecto de un veneno de acción prolongada para el alma.

He escuchado a personas que les hagan lo que les hagan, les digan lo que les digan, o que les pasan acontecimientos graves, decir "no pasa nada, todo es parte de la vida". Yo me preguntaba ¿de qué están hechas estas personas que no reaccionan con coraje?, ¡acaso no les corre sangre por las venas?

Sin embargo, yo mismo he vivido circunstancias de la vida que me han hecho pensar y asegurar que ¡alguien la trae contra mí! Muchas veces culpamos a Dios por todo lo malo que nos está pasando y pensamos "¡hasta Diosito la trae contra mí!" o "esto ya es personal, me quieren ver la cara de pendejo".

La expresión "nada es personal" hace referencia y supone que el problema, ofensa, o agresión no es contra ti. De hecho, muchas veces ni siquiera llega a ser agresión más allá de sentirse agredido. (Lo interesante es que la admiración, respeto y valoración tampoco son "nada personales", ya lo veremos más adelante).

También hace referencia a que cuando alguien te manda una serie de ofensas, improperios, acusaciones, insultos, mentiras, traiciones (puros conceptos lacrimógenos) puedes estar seguro que no son para ti. Existe una hermosa reflexión de uno de los más grandes filósofos clásicos griegos, Aristóteles, en su *Ética a Nicómaco*: "enojarse es fácil, cualquiera lo hace, pero enojarse con la persona correcta, en el lugar correcto, en la intensidad correcta y de la forma correcta, eso no es fácil".

Sin embargo, tenemos que ver por qué nos afecta, lo hacemos y lo vivimos de manera personal, para así concluir que nada es personal.

¿Por qué todas las cosas las vivimos de manera personal? Algunas veces creemos que las personas nos conocen bien, como si fuéramos transparentes y pudieran ver cómo somos, sentimos o pensamos. Es decir, como si pudieran ver nuestro ego.

Algunos teóricos piensan que el ego es una parte normal de la personalidad, por ejemplo, en el psicoanálisis se habla de *id*, *ego* y *superego*; otros no hablan del ego sino del *yo*, y hay teorías que lo nombran como el "sí mismo" o *self*.

Primero trataré de aclarar qué hay que entender por ego, por lo menos para los efectos de esta obra porque hay algunas personas que hablan del egoísmo como si fuera anormal y por ende, criticable. No es lo mismo egoísmo que egocentrismo; cuando existe la idea de que todo gira a tu alrededor o está centrado en ti, hablamos de egocentrismo.

El ego entronizado

Es un ego omnipotente del que tenemos la creencia que nunca debería pasarle o hablarse nada malo. Un ego al que habríamos puesto por encima de todo y de todos, y lo elevaríamos a la categoría de "rey" para que fuera respetado por todos.

¿Por qué lo hemos entronizado?, ¿por qué consideramos a este ego como lo más valioso?, ¿por qué debería estar por encima de todo?, ¿qué nos impulsa a esta idea egocéntrica?

Tiene que ver con su origen en la historia de la humanidad, en específico, desde el momento en que nos enseñaron que somos una creación divina pues eso inmediata y psicológicamente nos impulsa a sentirnos entronizados; y un ego entronizado es y será altamente vulnerable a cualquier tipo de ataque. Por eso, muchas veces el reclamo "¿por qué a mí?" nos hace caer en la soberbia y en la creencia de que todo es personal porque desde el ego entronizado nos sentimos el centro de atracción de todas las miradas. En resumen, en todo ego entronizado hay una tendencia al perfeccionismo.

Las teorías psicológicas le han dado distintos nombres. El psicoanálisis le llama superyó; Friedrich Nietzsche, filósofo existencialista, el superhombre, y lo pone incluso por encima de Dios. De aquí surgió el gran poder del nazismo, cuyos integrantes llegaron a creer que eran una raza superior y tenían el derecho de dominar al mundo.

Desde todas estas concepciones heredadas es posible que nazca la creencia inconsciente en el derecho a un ego entronizado, que sale a la luz y que lo reflejamos cuando creemos que debemos ser honrados, respetados, reconocidos, valorados y amados ¡por todos!

Lo hemos creído consciente o inconscientemente, y cuando creemos, lo creamos.

Cuando finalmente instalamos esta creencia, variable en cada persona y en cuestión de grado, es obvio que cuando alguien nos critica, pone un apodo, devalora, o miente, viene la tragedia.

Según el tamaño en que entronicemos nuestro ego será el tamaño del daño cuando alguien "te apedree el rancho"; cuando literalmente alguien apedree tu ego con la crítica, el desacuerdo, la subestima, o cuando te ignoren, o simplemente no te hagan caso.

Hay teorías que afirman que nacemos con cierto tipo de herencias. Freud diría que con una represión primaria, que por herencia ya sabemos y por tanto, evitamos. Por ejemplo, sin que nos lo digan o prohíban, sabemos que no debemos tener relaciones sexuales con nuestros padres o hermanos (incesto) es decir, ya lo traemos aprendido, controlado y reprimido.

Parece ser que nacemos con la idea y el impulso de entronizar el ego, no sé cómo ni desde cuándo, pero como mencioné, tal vez sea desde que nos dijeron que éramos criaturas divinas.

Durante la Edad Media existía la teoría de que la Tierra era el centro del universo, que todo giraba alrededor de ella (teoría geocéntrica), y como sus integrantes, nosotros éramos también el centro del universo (egocentrismo) y detrás de todo esto estaba Dios.

A raíz de esto es posible que dicho paradigma se haya heredado y transmitido de generación a generación de una forma inconsciente.

Del tamaño de la frustración por una ofensa, por algo que nos hicieron o esperábamos que nos dijeran y no lo hicieron, es el tamaño de la necesidad de ser admirados, queridos, idolatrados, y respetados. No estoy diciendo que no tengamos derecho a ser respetados y valorados —eso está debidamente validado y consagrado en muchos documentos como la Carta Magna de los derechos humanos, decálogos y mandamientos, civiles y religiosos— quiero decir que cuando lo elevamos a la categoría de necesidad o valor y luego nos apedrean el ego, entonces hacemos una verdadera tragedia, nos rasgamos las vestiduras y somos capaces de realizar atrocidades contra quienes nos agredieron.

En los problemas de pareja salen a flote frases del tipo "no valoras todo lo que hago por ti", en consecuencia "no me siento amado"; "si no me valoras, no me amas". Todo es parte de un ego entronizado, de una herencia, de creencias que traemos, de pautas neuróticas, de algo aprendido y que de repente no se da y nos hace mucho daño. Sí, todo tiene que ver con la entronización del ego.

Sin embargo, este fenómeno también puede tener otra influencia relacionada con el desarrollo natural de la persona, con una etapa de la infancia en la que de manera natural e inevitable te sientes el centro de atracción de todos, es decir, cuando creemos firmemente que todos están a nuestro servicio y están obligados a cumplir nuestros deseos en el momento y la forma que lo queramos.

Esto es normal pues sólo es una etapa de la vida, el problema es cuando somos adultos y nos seguimos creyendo el ombligo de la Tierra.

El resentimiento tiene que ver con una regresión infantil, etapa que debe ser trascendida pues hay problema cuando por algún motivo no avanza y la cronificamos.

Por eso hay personas que no toleran la frustración y se resienten más que otras. De hecho, hay quienes reciben el efecto tan fuerte que alteran su percepción de forma permanente, y en consecuencia sus relaciones interpersonales.

Todos esperamos algo de los demás, una tendencia a entronizar el ego: "nadie tiene derecho a hablar ni pensar mal de mí, a tenerme en un mal concepto, a tocarme, o a ofenderme", o dicho de otra manera "todo el mundo está obligado a reconocer lo maravilloso que soy". Por supuesto que esto no nos lo dijeron, nadie nos educa para ello sino que se da de manera inconsciente.

En la infancia esta actitud egocéntrica es normal porque es la etapa donde la aceptación de los demás es necesaria, porque el "yo" está en formación y es frágil, y vulnerable. Los niños requieren ser aceptados y queridos. Es común escucharlos hablar de "su mejor amigo" o "su mejor amiga"; quieren ser el centro del grupo.

Alguna vez le dije a una paciente que no tenía por qué ser la más importante para que la gente la quisiera.

Lo que en el niño fue necesidad, en el adulto queda como necedad; por eso es muy importante trascenderlo. Se le tiene que decir al niño que no todo va a ser como ellos quieren que sea, que los demás no están obligados a quererlos, se les tiene que ayudar a trascender porque si no su ego quedará entronizado. El autoengaño es muy fuerte, mientras más entronizado está el ego, hay más resentimientos, frustraciones y enardecimientos. Cuando tenemos la creencia de que los demás están obligados a amarnos, admirarnos y valorarnos, y alguna vez no están de acuerdo contigo o no te aceptan, entonces sientes que te apedrean el ego.

Es real que tenemos muchos derechos pero eso no depende únicamente de que nosotros lo pidamos o exijamos, es decir, los demás también tienen derecho a no querernos, amarnos, valorarnos, etcétera.

Lo interesante es que nada es personal ni siquiera la admiración, valoración y respeto, o bien, el rechazo, la crítica y los juicios que alguien sienta por ti.

Es así como llegamos a comprender los dos grandes errores del pensamiento que generan heridas emocionales: la creencia en un ego entronizado y el desconocimiento de que nada es personal.

¿Por qué nada es totalmente personal? Porque tanto la admiración de las cualidades como el rechazo por los defectos no son otra cosa más que proyecciones de nuestros aprendizajes y el resultado de heridas en nuestra historia de vida.

También podríamos decir que nada y todo es personal, es decir, no podemos proyectar nuestra historia y aprendizajes en el vacío, debe haber una pantalla donde vea lo mío, ya sea que lo admire o lo rechace. Esa pantalla de proyección eres tú, soy yo, es tu pareja, mi pareja, tu amigo, mi amigo, es decir, el otro.

Que nada sea personal implica que no soy yo únicamente quien te está haciendo reaccionar de esa manera, atrás de mí está tu historia, tus aprendizajes, tus heridas de la infancia, tus creencias personales que de alguna manera se reflejan en mí. No significa que yo no sea eso, significa que lo soy en parte y que tú también lo eres pero te escandalizas de más en el caso de los defectos, o te deslumbras de más en el caso de las cualidades.

No te sientas hecho a mano cuando alguien te idolatre, ni te pongas el saco cuando no es para ti, recuerda que hay una tendencia natural a entronizar el ego, y que en esto se fundamenta el enraizamiento del resentimiento y el rencor. Hasta que entendamos esta realidad podremos hacer y ser algo diferentes.

¿Las personas adultas tienen la necesidad de sentirse amadas? La mayoría diría que sí pero la realidad es que no es una necesidad sino un deseo. Como decía "Luigivi": "me encantaría que me amaran pero si no lo hacen, no me muero".

El problema radica en que elevas la creencia a categoría de necesidad. Un deseo no tiene el mismo impacto que una necesidad, la cual se define como aquello que de no ser cubierto pone en riesgo tu vida. Por eso, cuando a un deseo lo categorizamos como una necesidad sufrimos tanto, porque esperamos más de lo normal.

Todo esto ocurre de manera inconsciente, por eso es importante darnos cuenta y aceptar aunque sea doloroso, que nadie está obligado a darnos o decirnos todo lo que queremos recibir o escuchar.

Hay pacientes que me preguntan "¿por qué a ellos?", y les respondo "¿y por qué no?", para mostrarles que su ego entronizado se originó en su infancia y no les ayudaron a comprender que no tienen derecho a todo, y que nada es totalmente personal.

Todo tiene que ver con nuestra historia y experiencias, mismas que influyeron de manera directa en nuestro desarrollo personal, y lo que ahora somos es el resultado. Hemos sido y seguido un proceso, nada está hecho, todo tiene que ver con los factores que han intervenido en nuestra vida pues forman parte de nosotros, de nuestra personalidad. Lo que somos lo hemos tomado de aquí y de allá, por eso es difícil ser auténticos y nos asomamos a la vida a partir de lo que aprendimos y vivimos.

Asimismo, cuando tengo un pleito con alguien es probable e inevitable que mi enardecimiento no sólo tenga que ver con esa persona, puesto que no puedo desligarme de mi historia, ni de las personas importantes que hay en ésta, para ver sólo a esa persona. Vuelvo a repetir, nada es personal 100%, la reacción no sólo es por lo que alguien me dice o hace porque todo tiene que ver con mi historia.

La gran mayoría de las veces el enardecimiento en una persona tiene que ver con "algo" que le hicieron pero que en realidad no era para tanto.

Si puedes ver esta realidad, piensa en una especie de vacuna contra el resentimiento y el rencor que beneficiaría tu salud emocional, psicológica y física, desde ahí se puede hacer un cambio del rencor y resentimiento por la aceptación y el respeto.

Lo importante no es evadir sino reconocer, saber y entender que en lo que te dicen habrá parte de razón pero también parte de la proyección de tu historia, creencias, valores e introyectos. Si lo entendemos desde este punto de vista será más fácil perdonar al ver que no todo es totalmente personal sino algo que nos conecta con nuestra historia.

Cuando nos damos cuenta de esto verdaderamente tenemos un crecimiento personal.

No podemos relacionarnos con los demás directa o auténticamente puesto que somos nuestra historia y reaccionamos con base en ésta. Debemos conocer la naturaleza de las cosas y no engancharnos.

Si entendemos la naturaleza de los resentimientos y rencores, abriremos las puertas hacia una vida más feliz. ¡Qué afán de aferrarnos a algo que no nos toca!, algo de lo que no somos responsables, que nos está haciendo daño desde su propia historia. No tenemos que desligarnos y pensar que "no tenemos nada que ver", sí tenemos que ver pero no del todo.

Todo esto se dice fácil pero es un verdadero arte para la sanación emocional y el crecimiento personal.

Ni te enojes, ni te creas: *nada es personal.*

Presas y depredadores, el eterno juego de la naturaleza humana

El siguiente tema lo traté en la presentación de mi libro *Frases llave para la sanación emocional*. Suponía que sería sino el primer capítulo de esta nueva obra al menos uno de los primeros y está siendo de los últimos. Me pregunto si esto se debe a que apenas lo estoy aplicando a mi vida personal. No lo sé, pero en definitiva me resulta bastante constructivo reencontrarme con él.

En la vida salvaje es común hablar de presas y depredadores o predadores. También es fácil determinar cuál animal es la presa y cuál el depredador; siempre será así. La naturaleza salvaje está definida, nunca falla; la presa sabe perfecto quién es su depredador y viceversa, y un depredador nunca seleccionará a quien no sea su presa. Sabemos que el león es el máximo depredador pero no lo es de todos los animales de la selva, pues el depredador sabe perfecto quién es su presa y la presa sabe quién es su depredador, todo está definido.

Con respecto a los animales salvajes domesticados es diferente pues en ocasiones se invierten los roles de presas y depredadores por la intervención clara y muchas veces intencionada de algunos humanos. Es difícil encontrar especies que sean depredadores de sí mismas, sin embargo, hay casos aislados: el ser humano es el máximo depredador de su especie, mata a otros por beneficio o placer.

En la naturaleza humana siempre habrá el juego presa-depredador, quizá no en el sentido de alimentarnos literalmente unos de los otros pero sí en el caso de víctima-victimario, opresor-oprimido. En este caso, el proceso se puede invertir; la presa se convierte en depredador y viceversa.

Este juego humano tiene una explicación respecto a su origen y naturaleza. Cuántas veces hemos ido a la casa de un amigo o conocido que tiene un perro con el que no estamos familiarizados. Lo primero que nos dicen es "no le tengas miedo, no es bravo, sólo no le demuestres miedo porque te ventea". Sí, se dice que cuando alguien le teme a un perro, éste lo olfatea y lo persigue, es peor cuando corres.

Ocurre lo mismo con los humanos, cuando sentimos atracción por una persona del sexo opuesto se "ventea". Está comprobado que la primera atracción es físicoquímica y forma a una pareja.

Así que se "ventean" las feromonas y el miedo. En la naturaleza salvaje y humana el miedo es lo que prepara a una presa para su depredador, es decir, el humano puede percibir el miedo en el otro y así se convierte en un depredador, posición que lo llevará a cometer abuso con su presa. Desde el miedo somos presa fácil.

Si lo que nos convierte en presa es el miedo, ¿significa que el depredador humano no lo siente? Es decir, ¿el miedo sólo será privativo de la presa o víctima? Pues no, parece ser que el depredador también es depredador desde su propio miedo, su miedo a ser presa del otro, por eso prefiere convertirse en depredador. Llámenle víctimas y victimarios, el eterno juego de la naturaleza humana, por eso siempre podemos encontrar a alguien que está sobre otro: un opresor y un oprimido.

Es cierto que si no hay víctima no hay victimario, no se puede dar una cosa sin la otra, y lo que lo hace posible es el miedo. Por eso, en la naturaleza humana no puede haber depredadores natos todo el tiempo; por ejemplo, el machismo sin la participación de la mujer. Aunque a este fenómeno se le ha dado una connotación cultural sobre todo en México, es obvio que no sería así sin la participación del miedo hacia el hombre por parte de la mujer.

No es posible la existencia del depredador humano sin la participación del miedo de la presa, sin víctima no hay victimario, hay una relación dialéctica, como se diría en el discurso comunista, una cosa determina la otra, como todo en la vida. Bien lo decía Heráclito de Éfeso, para que algo exista tiene que existir el opuesto. La eterna lucha entre los opuestos no puede ser de otra manera, así está hecho el mundo, de lo contrario, no existiría el equilibrio. La única manera de conocer las cosas de este mundo es considerando su opuesto, por ejemplo, el día y la noche, el frío y el calor, el dolor y la alegría. Todo se define en virtud de sus opuestos.

Es un juego que todos jugamos, el miedo nos convierte en presa. Cada vez que alguien te grita y experimentas miedo, el otro crece más, sin embargo en la naturaleza humana se pueden invertir los papeles. La presa se puede convertir en depredador y viceversa.

Recuerdo el caso de una pareja donde él siempre le gritaba a ella. La mujer nunca decía nada, hasta que un día se animó a levantar la voz y la mano; en ese momento él dijo: "Ya pues así está bien." Los roles cambiaron: la presa se convirtió en el depredador.

Hay una frase que dice "ninguna relación [cuyo] fundamento sea el miedo tiene garantía de ser sana pues se está fomentando la relación presa-depredador".

¿Por qué el eterno juego de la naturaleza humana?, ¿por qué siempre está presente en la vida de las parejas?, ¿por qué siempre tiene que haber un pleito para ver quién gana? Es el pan de cada día en las relaciones de pareja.

Es inevitable, de repente somos víctimas y luego victimarios.

Demos un vistazo a lo que psicológicamente puede originar este juego neurótico. Alfred Adler decía que hay un impulso que nos hace ir de la inferioridad a la superioridad, que provoca en el ser humano las ganas de ser mejores, de ser superiores, por ejemplo, los niños cuando quieren ser grandes... o incluso hay quienes desean ser Dios.

El impulso natural de querer ser superiores, de ser mejores, es común y nos hace estar siempre compitiendo. Lo raro es cuando las personas renuncian a ser mejores.

Este impulso genera la lucha por el poder en las parejas. No nos queremos dejar del otro, esto puede convertirse en algo neurótico, puesto que no luchas por ser superior al otro sino por hacerlo sentir inferior.

Hay quienes se especializan en ser presas o depredadores. La pregunta es ¿por qué preferimos ser uno o el otro? Porque jugar cualquiera de los dos roles tiene siempre una ganancia secundaria: renunciamos a nuestro poder y lo ponemos en manos del otro por y para no tener que decidir y comprometernos en nada. Elegimos ser presas porque muchas veces no sabemos qué hacer con el papel de depredador, y por comodidad, se lo dejamos al otro para que él tome las decisiones. Es así como, consciente o inconscientemente, nos convertimos en presas. El problema es cuando la víctima se hace quejumbrosa pues ahí comienza el conflicto de pareja ocasionando que muchas veces se revierta el papel a victimario.

Quien es victimario tiene miedo de convertirse en víctima porque evita el dolor y el sufrimiento aunque sí se los genera a los demás. Por eso afirmo que el miedo es lo que nos convierte en víctima y en victimario.

Ahora, si sabemos que es parte de la naturaleza humana querer ser superior al otro como un mecanismo de defensa, ¿cómo podemos vivir en equilibrio?, o ¿será que estamos condenados a vivir siempre tras la lucha por el poder?

Es difícil llegar al equilibrio porque ignoramos que es parte de la naturaleza humana. El pleito es inevitable pero podemos hacer que nos sirva para crecer más y que sea lo menos dañino posible, para que el coraje nos dure menos y cada vez seamos menos hirientes porque las agresiones pueden ser muy fuertes y herir tanto a quien la hace como a quien la recibe. Es como un disparo de arma de fuego: la presión y el desgaste son fuertes en donde sale y en donde impacta.

Probablemente no podamos dejar esta dinámica de la pareja de manera definitiva pero sí podemos ser conscientes de que el impulso por tener la razón obedece al deseo natural de querer ser mejores. No queremos pisotear a nadie o ser pisoteados.

Por ejemplo, cuando mi madre discutía con mi padre y se percataba que no podía convencerlo le decía "ándale pues, que gane tu gallo aunque esté pelón". Y un amigo también decía "prefiero que tú tengas la razón a perder mi felicidad por querer tenerla yo, si a ti te hace feliz creer que tú tienes la razón pues yo te la doy".

Pensar de esa manera tal vez nos serviría para no engancharnos en el pleito y evitar que cualquiera de los dos se engrandezca neuróticamente. El problema es que en este juego siempre se busca ganar, nunca perder ni ceder, y no es fácil dejar este juego pues el ego está de por medio.

Hay presas y depredadores eternos, es decir, cuando uno ya quiere y puede dejar de pelear es probable que el otro haga todo por no permitirlo. Recuerdo el caso de una pareja con problemas porque él tomaba alcohol. Dejó de hacerlo para evitar problemas, pasaron algunos meses y después de tiempo regresaron porque según ella "su marido había recaído" al tomarse un par de cervezas. Él respondió "¡pero si fuiste tú quien las compró y las dejó en el refri!". "Sí, las compré para cuando mi hermano nos visitará (lo que ocurría dos veces por año)", dijo ella. Quien alimentó nuevamente a su victimario y al pleito fue ella.

Detrás del victimario hay una víctima fóbica, tras cada agresor siempre está el temor a ser agredido, y atrás de un agresor se encuentra siempre un niño herido.

Obviamente para defendernos de tantas agresiones nos convertimos en agresores: "de que lloren en mi casa a que lloren en la ajena, pues que lloren en la ajena" dicen por ahí, sin embargo, la víctima también puede pensar así y voltearnos la tortilla. Lo reitero, es un juego.

Un juego que podemos socializar de alguna manera, sobrellevarlo de una forma más sana sabiendo y reconociendo que es un impulso natural para la sobrevivencia. Además de reconocer que tenemos la posibilidad de renunciar al juego neurótico aunque sea inherente a la naturaleza humana.

Somos personas que reaccionamos, que no podemos quedarnos o permanecer ajenas a una acción y sobre todo a una agresión. Sólo un autista lo haría.

Ahora, si sabemos que es parte de la naturaleza humana y podemos modificarlo o comprenderlo, ¿por qué no hacerlo? Como ejemplo pongo las alteraciones en el estado de ánimo de la mujer durante su periodo o cuando llega la menopausia. Los cambios de comportamiento son muy intensos pero no son más que una manifestación de la naturaleza femenina. Por tanto, "no es nada personal".

La naturaleza es lo que es y la única manera de dominarla es conociendo, cediendo y comprendiéndola. En la naturaleza humana hay un agresor dentro de cada uno de nosotros, lo que nos corresponde es esperar a que éste pase y contar después lo que pasó.

No se trata de evitar las peleas pues son un impulso natural. Lo que podemos hacer es crecer, conocer la naturaleza del impulso y no dejarnos llevar por él pues se hará una bola de nieve que nos herirá tan fuerte que será irreparable, y lo único posible será terminar con la relación de pareja.

La presa y el depredador internos

Hay dos tipos de juego, interno y externo, entre presa y depredador. Si dentro de nosotros no existiera el juego interno tampoco existiría el externo.

Recordemos que en la naturaleza salvaje es normal, entendible y hasta justificable sobrevivir como presa o depredador pero en los seres humanos sólo es un juego neurótico.

Parece ser que nunca estamos del todo satisfechos con nosotros mismos, por eso nace el conflicto interno, o el enfrentamiento entre mi presa y mi depredador internos. Veamos la causa de este inductor de sufrimiento.

¿Por qué existe el depredador interno? Porque existe la presa interna. No olvidemos que en un mundo de opuestos se determinan a sí mismos. Sin embargo, existen teorías psicológicas para tratar de entender el origen de esta dualidad en el humano. Alfred Adler, acuñó la teoría dual complejo de inferioridad-complejo de superioridad para explicar el funcionamiento de la motivación humana. Según esta teoría, nacemos sintiéndonos inferiores, es decir, el sentimiento o sensación de presas es innato. Cuando somos niños queremos ser adultos pues serlo es sinónimo de poder, capacidad y autoridad; todo lo vemos superior a nosotros y en nuestra tierna percepción pareciera que el mundo está hecho sólo para los adultos y no cabemos en él.

De niños todo nos parece enorme, de ahí el origen del sentimiento de inferioridad que siempre nos estará empujando hacia la superioridad, la capacidad y el poder.

De acuerdo con Adler y su escuela, el sentimiento de inferioridad se convertirá en el motor de la vida, por tanto, debería ser concebido como algo natural y normal. El problema no es ese sino los métodos utilizados para alcanzar la superioridad y satisfacción personal, los métodos para lograr la autorrealización, diría Maslow.

Pienso que el sentimiento de inferioridad como una necesidad para alcanzar la superioridad puede distorsionarse a tal grado de convertirnos en presas y depredadores externos e internos. Esto lo hacen posible los métodos utilizados para lograr este fin. Como mencioné en el capítulo anterior, lo que hace a la presa es el miedo, mismo que se presenta con la sensación de inferioridad, y por tanto, nos hace sentir incapaces, débiles y vulnerables, situación que cuando somos niños es natural. Concluyo que la presa interna es la más primitiva en el sentido de que es la primera que se forma en la conciencia del individuo.

El método natural para lograr la sensación de superioridad, según Adler, son la preparación, capacitación y persistencia, la elaboración de metas y proyectos, y el esfuerzo genuino para lograrlo. El principal enemigo es el miedo a la inferioridad, incapacidad y vulnerabilidad; ya es parte de la conciencia del adulto. De niño, sólo se experimenta impotencia ante la imposibilidad de lograr lo que nos proponemos y como resultado hay enojo, muchas veces traducido en berrinches. Sin embargo, ante el crecimiento inevitable con el paso de los años, estos berrinches y enojo se traducen en agresión y violencia, es aquí donde aparece el depredador.

La agresión y violencia tendrán dos objetivos: uno externo (la presa externa), o sea alguien más, y otro interno (la presa interna) o nuestra parte que se cree inferior e incapaz. Así inician las eternas batallas campales entre presas y depredadores.

La naturaleza de la presa interna es el sentimiento de inferioridad, la baja autoestima y una mal disimulada humildad alimentada por los convencionalismos sociales y religiosos. En otras palabras, la presa interna es una resonancia de lo que fue real en la niñez, el sentimiento de inferioridad natural.

La naturaleza del depredador interno, que aparece más o menos en la adolescencia, será la prepotencia que sustituye a la impotencia, y la violencia y la agresión, que sustituyen a los berrinches.

Por eso hay muchos casos donde la persona parece pasiva y sumamente tranquila, pero por dentro trae una intensa batalla entre su presa y depredador internos. El cuerpo se convierte en el campo de batalla de estas dos entidades, y es frecuente que también pague las consecuencias. Los ataques cardiacos, derrames cerebrales o enfermedades invasivas no son posibles en un organismo sano, donde no se liberan tantas batallas, pues éstas lo desgastan y lo hacen vulnerable.

Ya vimos que lo que convierte al sentimiento de inferioridad natural en presa son los métodos que utiliza para alcanzar la superioridad, los que lo transforman en presa y luego en depredador.

No es lo mismo hacer lo posible para sentirnos satisfechos que hacer lo posible para no sentirnos inferiores. La diferencia radica en la competitividad. Tampoco es igual sentirnos satisfechos con nosotros mismos que sentirnos superiores ante los demás pues para sentirnos superiores es necesario que los demás sean menos que nosotros.

Lo que nos convierte en depredadores es lo que hacemos para que los demás se sientan inferiores. Dentro de nosotros también utilizamos este método. Nada de lo que hagamos será suficiente para el depredador interno, el problema es que mientras la presa externa pueda defenderse o por lo menos huir de su depredador, la presa interna está condenada a vivir al lado de éste (algunas veces sucede lo mismo con la presa externa debido a convencionalismos sociales y religiosos).

Pareciera que no hay nada qué hacer ante esta realidad, sin embargo, tengo algunas sugerencias para evitar que las batallas internas, tan crueles y devastadoras, nos hagan daño. Veamos.

Si lo que dio origen al depredador fue la presa interna, y ésta tiene una naturaleza fundamentada en el complejo de inferioridad y baja autoestima, entonces ya tenemos algo qué hacer porque lo anterior es una resonancia de lo que fue real, mas ya no lo es, es decir, ya trascendimos esa etapa, ya no hay por qué sentirnos inferiores, ya podemos estar seguros de lo que somos, por tanto, ya no necesitamos estar en el pleito interno ni externo.

Cuando cesa la batalla entre la presa y el depredador internos también cesa en los externos. Lo importante es descubrir qué es lo que sigue alimentando la creencia en mi inferioridad.

Ahora, si lo que garantiza la existencia del depredador es la presencia de la presa, ésta debe ingeniárselas para seguir siendo lo que es, ¿cómo lo logra? Sintiéndose inferior. Y nosotros, ¿cómo logramos sentirnos inferiores? Alimentando algunas creencias que garanticen la permanencia de este sentimiento. Veamos algunas.

Sentimiento de impotencia

Fue real en la infancia pero muchas veces, aún como adultos, creemos que no podemos hacer, tener o lograr más, llegar más lejos. Esto es un autoengaño, por eso hay personas que ven lo valioso e importantes que somos, nuestros logros y alcances, menos nosotros.

Zona de confort

Por eso, muchos llegaremos a la "media tabla" y será suficiente lo que en esos momentos haga o tengamos (flojera existencial).

Todos sabemos que tenemos un impulso natural para seguir creciendo, para ser lo mejor que podemos ser pero muchos lo escucharán y otros lo ignorarán.

El que se siente inferior se asegura de no llegar más lejos, y para lograrlo se crea un depredador interno que le esté recordando lo inferior y lo poca cosa que es. De esta manera, ocupa sus energías en la lucha interna con su depredador y no atiende las posibilidades de alcanzar nuevas metas. Pierde su tiempo en batallas inútiles y desgastantes, y para olvidarlas se refugia en el alcohol, las drogas, el sexo o cualquier tipo de adicción o hábito neurótico.

A lo más que puede llegar es a ser consciente de que algo le falta, de que no siente energía ni motivación suficientes. El complejo de inferioridad no es otra cosa más que una estrategia para no lograr lo que anhelamos: ser felices. Cabe señalar que creamos nuestro depredador interno y externo porque muchas veces culpamos a alguien por no lograr lo que anhelamos, porque nadie nos comprende ni nos apoya.

Lo anterior nos da cuenta, lastimosamente, de una realidad: somos nuestro principal depredador.

Mi depredador me asusta para no correr el riesgo de ser mejor y me hace perder el tiempo compitiendo. Es mi sentimiento de inferioridad lo que está en el fondo de las batallas presas-depredadores.

Cabe señalar que existen tres elementos fundamentales en todo sentimiento de inferioridad: los celos, el miedo y la envidia. Desde este sentimiento, los celos nos llevarán a hacer comparaciones donde siempre saldremos perdiendo, "todos son mejores que tú" te dirá tu depredador interno, y el resultado será la inseguridad, el miedo a las pérdidas y el dolor, segundo elemento del complejo de inferioridad. El miedo a la pérdida es más fuerte cuando el depredador te hace creer que lo que tienes es parte de ti mismo, es decir, te asusta con el petate del muerto diciéndote "es como si algo de ti se muriera".

El depredador trae el petate para asustarte, el dolor es real; lo que no es real es la pérdida pues no hay pérdida de algo que no es tuyo porque nada es tuyo (recordemos la creencia en la propiedad privada).

Desde el sentimiento de inferioridad, el depredador interno te grita "otros tienen más que tú" y aparece el tercer elemento, la envidia. El depredador externo en todo su esplendor te pondrá en contra de quienes tienen o son mejores que tú y te pelearás con ellos para demostrar que no lo son. ¡Vaya forma de amargarse la vida! A esto me refería cuando hablaba de las formas neuróticas para alcanzar el sentimiento de superioridad.

La única forma de detener la batalla interna presa-depredador es haciéndonos conscientes de que el sentimiento de inferioridad no es real, es una estrategia inconsciente originada en algo que fue real: la vulnerabilidad de la infancia. Por tanto, ahora no necesitamos competir ni pelear con nadie. Reconocer que ya tenemos lo suficiente para ser felices y que podemos seguir, alcanzando metas, cosechando logros. No desde la carencia sino desde la suficiencia, eso le restará poder al depredador interno y externo.

Codependencia

El último escalón de la sanación y el crecimiento personal

Un productor de sufrimiento, en mi opinión muy generalizado, son las codependencias pues cuando aparecen se entretejen verdaderas tragedias en las relaciones interpersonales, sobre todo en las de pareja.

La codependencia es un fenómeno inherente a los seres humanos, es decir, no se presenta entre los animales porque ellos se relacionan de forma instintiva, aunque haya un proceso natural de gregarismo en pareja o en manada, no se refleja en ellos el apego que vemos en los humanos. En los animales salvajes hay un gregarismo temporal que desaparece en cuanto los cachorros han desarrollado sus capacidades para sobrevivir solos.

Sin embargo, a diferencia de los animales, los humanos generamos algo que nos identifica como tales: el apego por dependencia.

¿Eso significa que la dependencia en los humanos es parte de su naturaleza? Tal vez sí pero tenemos que saber hasta qué punto es normal y natural o en qué momentos se convierte en productor de sufrimiento. Este es el objetivo de este capítulo generado en uno de los consabidos psicoencuentros.

Trataré el concepto *dependencia* puesto que se ha hablado mucho de la independencia, y el porqué mucha gente le apuesta a ésta última, no sólo en una relación de pareja sino en todo tipo de relaciones: con cosas materiales, objetos o actividades.

Haré énfasis en las relaciones de pareja porque son el pan nuestro de cada día en los consultorios de orientación o psicoterapia.

Un tema que puede resultar controversial es la independencia como un mito ya que no podemos ser totalmente independientes y lo podemos comprobar con la tan aplaudida independencia de México en relación con España. Todos sabemos que no se buscaba la independencia (aunque así se proclamaba) sino dejar de depender del rey, Carlos V para hacerlo de Fernando VII.

La verdad es que hasta el día de hoy ¡no somos independientes! Ni los mismos países socialistas lo son, por tanto, no se puede hablar de una total independencia pues es un mito.

La dependencia se define como la necesidad de relacionarse con el otro para sentirme feliz.

Se considera un mito porque es inevitable que necesitemos estar en contacto con los demás pues se ha comprobado que las personas que se aíslan absolutamente del contacto con otras pierden la razón o, por lo menos, demerita mucho sus capacidades, habilidades y aptitudes cuando no están en relación con los demás. El *ser* puede darse sólo en relación con los demás.

Recuerdo una leyenda de mi pueblo natal Amacueca, Jalisco. Durante años se hablaba de un encadenado en una casa cerca del jardín principal. En mi adolescencia y juventud la leyenda seguía viva hasta que un buen día los reporteros de un canal de televisión de Miami (nadie sabe aún cómo se enteraron) llegó al pueblo para investigar. Contactaron a la dueña de la casa y fue inevitable que no saliera a la luz pública la existencia real del encadenado.

El hombre llevaba 51 años encerrado y encadenado de la cintura a la pared. Desnudo y con la barba larguísima fue rescatado; no hablaba, sólo gruñía. Las causas de su encierro aún son un misterio, por lo menos para mí. Sin embargo, lo interesante es ver que por falta de contacto con los humanos, ya que sólo se le daba alimento a través de un agujero en la puerta, el individuo fue perdiendo poco a poco sus facultades humanas. Después de su rescate, a la semana de permanecer en un hospital psiquiátrico, el hombre falleció.

Nuestra salud psicológica y emocional está influenciada por la relación que tengamos con los demás. Hay historias que validan esta teoría al grado que es normal considerarla una necesidad.

La filosofía confirma a través de sus principales exponentes que el ser sólo es posible *en relación*. Me refiero al *ser* en el sentido ontológico "yo soy, tú eres"; el *ser* también es relativo. En alguna ocasión pregunté a mis alumnos qué determina mi *ser* maestro. Ninguna respuesta fue lógica. Lo único que lo determina son mis alumnos, porque sin ellos no hay maestros, sin pacientes no hay médicos ni terapeutas, sin animales no hay humanos, y sin el otro no puedo hablar de mí. Mi *ser* está influenciado por los demás, para bien o para mal.

Es tanta la necesidad de la presencia del otro que en casos extremos de soledad el cerebro se encarga de crear lo que le falta, sean compañía o personajes, para no sentir la angustia de la soledad. Basta con recordar a Robinson Crusoe y su loro, al jorobado de Notre Dame y sus gárgolas parlantes, o más reciente, la película *Náufrago*.

Dichas fantasías peliculescas encierran algo de verdad: estar en contacto con los demás es una necesidad para conservar nuestra propia naturaleza humana.

Por eso considero a la independencia un mito, no podemos considerarnos totalmente independientes, si entendemos dicho concepto como no necesitar para nada a los demás.

Tal vez vivas junto a personas sin que exista comunicación verbal pero el sólo contacto visual o auditivo, no necesariamente táctil, ya es un alimento.

Mucho se le escribe y se le canta a la independencia y la libertad. Cuando somos jóvenes, queremos ser libres; cuando ya nos sentimos libres, no sabemos qué hacer con la libertad. De hecho, la libertad absoluta y total puede ser esquizofrenizante al no saber qué hacer con ella.

Por eso mi insistencia y creencia en los conceptos lacrimógenos como factores que inducen al sufrimiento, porque creemos que podemos ser totalmente independientes y no es cierto, necesitamos estar en relación con los demás, claro que también hay grados. Cuando digo necesidad no me refiero a que los demás nos den o nos traten como nosotros quisiéramos. De hecho, el psiquiatra Harry Stack Sullivan decía que la sanidad emocional es cuestión de saber llevar y conservar buenas relaciones interpersonales.

Un resumen de lo visto sería: la independencia es un mito al creer que no necesitamos para nada a los demás. Si no existiera quiénes hicieran los hilos, las telas, los vestidos

Quizá cueste un poco de trabajo entender y aceptar que nuestra mente no es nuestro organismo total o *self* pues aunque la mente forme parte de él, su naturaleza es distinta y actúa de manera independiente. En alguna parte de mi libro *Frases llave para la sanación emocional* menciono que "la mente no siempre tiene la razón", lo que significa que puede distorsionar la percepción. Una cosa es lo que sentimos y otra lo que la mente piense que sentimos. No son lo mismo la sensación y la razón, y muchas veces nuestras sensaciones (*self*) son malinterpretadas por nuestra mente.

Una frontera de contacto saludable es aquella lo suficientemente permeable para permitir la entrada de lo nutricio, e impermeable para no dejar penetrar lo tóxico. Lo interesante es que tenemos una sola frontera de contacto, por tanto, es o debería ser lo suficientemente inteligente para saber cuándo ser permeable o impermeable. A este fenómeno Jean Marie Robin le llama pliegue y despliegue del *self*.

Nuestra frontera de contacto se crea, fortaleciendo y armando con nuestra historia, nuestras experiencias y nuestros aprendizajes desde que tenemos uso de razón. Poco a poco crece y madura, para poder interpretar lo que pasa fuera y dentro de nosotros.

Como en todas las experiencias, lo que está en medio es la mente. Es inevitable que sea ella la que hace la interpretación, pero la lectura que haga no necesariamente es la verdadera, es decir, la mente no siempre tiene la razón.

Si la frontera se altera, la percepción también. La realidad externa llega a la frontera de contacto por medio de nuestros sentidos (imágenes, sonidos, olores, texturas, etcétera), es aquí donde la realidad externa puede ser alterada.

Las experiencias dolorosas tempranas son las que tienen un mayor potencial de alterar la percepción y la frontera de contacto con el exterior. Por tanto, confundir lo tóxico con lo nutricio.

Cuando somos niños y vivimos una experiencia dolorosa lo normal es que nuestro *self* no esté lo suficientemente preparado para asimilarla porque nunca antes se había vivído. El *self* tiene tres funciones parecidas a las del aparato digestivo: metabolismo, asimilación y acomodación. Toda experiencia pasa por este proceso para convertirse en algo nutricio para el organismo, y ayudarlo a crecer y madurar. Lo mismo que sucede con los alimentos que ingerimos.

Los eventos dolorosos y novedosos son al *self* lo que un alimento alterado es para el aparato digestivo: difíciles de asimilar. Si no son asimilables, el efecto es la intoxicación; en lo biológico se presentan dolores estomacales, diarrea y vómito cuando el organismo trata de expulsar lo tóxico, pero en el caso de una experiencia emocional temprana y dolorosa la mente no sabe qué hacer para asimilarla o expulsarla porque no tiene antecedentes de ésta y se queda en el organismo alterando la percepción de las experiencias subsecuentes.

Así, el evento novedoso y doloroso, por tanto inasimilable, se convierte en un parámetro para las siguientes experiencias. La frontera de contacto ha sido alterada y será muy sensible a las experiencias relacionadas con la experiencia original.

Con una percepción alterada, no podemos percatarnos de lo que es nutricio o tóxico, esto es lo que afecta nuestra permeabilidad e impermeabilidad. Por eso es importante que nuestra frontera de contacto esté lo más sana posible para que pueda discriminar lo nutricio de lo tóxico, todo un arte que se desarrollará a partir de un deseo intenso y sincero de crecer de forma permanente.

De niños no tenemos la capacidad de metabolizar, asimilar y acomodar las experiencias traumáticas, tampoco de discriminar lo que nos enseñan los adultos, sobre todo nuestros padres, por tanto nos tragamos todo como nos lo dan, aunque no corresponda con la realidad. En resumen, es difícil que nuestro *self* tenga la permeabilidad e impermeabilidad necesarias para protegernos.

Cuando nos comemos todo lo que nos venden como realidad, es probable que el abuso que estamos sufriendo no lo veamos como tal.

Conforme vamos creciendo y madurando la conciencia va desarrollándose para poder discriminar entre lo nutricio y lo tóxico, pero es difícil tener una frontera sana por todo aquello que no asimilamos bien y tenemos una membrana frágil que deja pasar todo sin diferenciar entre lo tóxico y lo nutricio.

El problema se presenta cuando te relacionas con otras personas de la sociedad, ahí es donde empiezan los roces y la discrepancia, entonces te preguntas en qué mundo te formaste, puesto que no somos los dueños absolutos de la verdad.

Uno de los efectos de no diferenciar entre lo tóxico y lo nutricio es que si aceptamos algo tóxico como si fuera nutricio o sano, así lo transmitimos de generación en generación. Sucede lo mismo con aprendizajes y comportamientos considerados sanos sin serlo.

Esto es el arte del crecimiento: darnos cuenta no solamente de lo que recibimos o no recibimos sino también lo que damos o no damos. ¿Qué tan tóxico o nutricio soy en una relación?

¿Cómo mejorar nuestra percepción entre lo tóxico y lo nutricio? ¿Qué tanto me está nutriendo y qué tanto me está intoxicando?, aunque lo que estoy recibiendo sea nutricio, si no estoy alerta es muy posible que pueda crear una dependencia, y si me apego a lo nutricio ya no lo será tanto porque obtuve lo que necesitaba y aún sigo apegado a eso. Es decir, paso de lo sano a lo neurótico.

Lo ideal es vivir lo más sanamente posible, lo tóxico es lo que mi organismo y mi cuerpo rechazan, y en el sentido biológico, mi organismo lo rechaza sabiamente a diferencia de nuestro *self* que cuando está alterado no sabe si debe o no rechazarlo. Sin embargo, es posible despertar a la conciencia y estar alertas para poder discernir entre lo tóxico y lo nutricio; y lo más interesante, crecer a partir de ambos. Esto sólo puede suceder si ampliamos la conciencia.

Aunque tenemos la capacidad para hacerlo, también debemos estar conscientes que no somos omnipotentes, somos seres humanos y muchas veces batallamos para crecer entre lo nutricio y lo tóxico.

Necesitamos definir los términos *tóxico* y *nutricio*. Lo nutricio nos ayuda a crecer, a madurar, a ser más fuertes y mejores personas cada día; lo tóxico es todo aquello que me hace daño, que no me permite crecer, lo que me induce al sufrimiento, a la insatisfacción y al sinsentido (algunas personas tienen o les damos el poder de hacernos sentir así).

Nuestro *self* permite el ingreso de lo tóxico a causa de las principales heridas emocionales, relacionadas con ciertas necesidades psicológicas propias de la infancia pero que nuestra mente sigue dándoles carácter de actuales. Estas son:

- Necesidad de estima.
- Necesidad de seguridad.
- Necesidad de pertenencia.
- Necesidad de amor.

La mayoría de las veces permitimos lo tóxico en una relación porque de alguna manera nos cubren o nos dan un poco de estas necesidades, aunque por ese poco permitimos agresiones y abusos.

Las necesidades más importantes y frecuentes son la de estima y la de amor, y entre ellas, la más significativa es la de amor. Si me siento amado, me siento seguro, valioso y que pertenezco. Por eso pienso que la necesidad de amor es la mayor porque al cubrirla, lo demás se da por añadidura.

La alteración en la frontera de contacto es la creencia de que aún en la edad adulta éstas siguen siendo necesidades. Y es una alteración y una falsa creencia porque en realidad ya no lo son, podemos vivir sin ellas, pero si no tenemos la claridad y la certeza entonces pagaremos un alto costo con quien nos las brinde. ¿Por qué? Porque para obtener cubiertas nuestras necesidades permitiremos lo tóxico: el abuso y la agresión. "Pégame, hiéreme, mátame pero no me dejes", es una frase frecuente en canciones lacrimógenas que denota la necesidad de seguridad y pertenencia.

El abuso y la agresión en cualquiera de sus modalidades (económico, físico, psicológico, emocional) son permitidos por la catafixia de cualquiera de estas necesidades. El resultado es el sufrimiento y una vida victimezca, el costo que se paga es muy alto.

Para un niño estas necesidades son un alimento tan importante como el alimento material. A nuestra edad el problema es que nuestra mente cree que todavía es una necesidad, y si es una necesidad la exigimos, la demandamos, nos peleamos por ella y pagamos un alto costo: aparece el depredador externo.

¿Cuánto estarás pagando en este momento por recibir o cubrir una necesidad?

Muchas veces pagamos el costo del sufrimiento por la obtención o la búsqueda del reconocimiento de los demás, principalmente de alguien que para nosotros es muy importante. Que me ame yo es suficiente, si me aman los demás es ganancia.

Existen abusos muy sutiles que permitimos porque la sociedad misma no los ve de esta manera, permite porque los convencionalismos sociales los ve como inofensivos aunque no dejan de ser abusos: la ironía, el sarcasmo, que no te den tu lugar, que te hagan sentir menos, etcétera.

Lo que promueve la existencia del depredador, del victimario, es precisamente el permiso que la sociedad brinda cuando lo considera normal, costumbre o como "parte de la cultura y de la idiosincrasia del pueblo" la creencia en esto, permite la toxicidad del otro llámese como se llame.

Por último, quiero cerrar esta disertación con un tema que puede sanar muchas heridas emocionales y permitir el crecimiento personal definitivo, algo que nos puede ayudar a entender que no es un determinismo o una condenación hacer de nuestra vida un verdadero "valle de lágrimas".

El secreto del nutrimento emocional (que no es lo mismo que autodependencia emocional)

La aclaración entre paréntesis obedece a mi postura acerca de la independencia emocional vista como un mito, y a que el concepto *autodependencia* aunque suena liberador, mantiene lo peligroso del concepto *dependencia*. El autonutrimento emocional no elimina lo gratificante (que no nutriente) del nutrimento externo. El secreto del nutrimento emocional consiste en la certeza de que la sanación y nutrición realmente proviene de nosotros mismos, no de afuera; tiene que ver con un potencial sanador interno.

Sin embargo, nuestra actitud no debe ser tan radical como para pensar que no necesitamos de nadie. Por supuesto que es muy gratificante recibir el reconocimiento de los demás, sobre todo de nuestra pareja; es muy agradable decir y saber que "tenemos" (o nos tiene) una pareja.

Es satisfactorio sentir la seguridad que nos brindan los demás; es maravilloso sentirse amado, sin embargo, debemos reconocer y aceptar que privarnos de esto nunca pondrá en riesgo nuestra vida y que de esto tampoco depende nuestra felicidad. Aunque es necesario comprender la naturaleza psicológica de las necesidades que hacen posible la dependencia, la codependencia y que convierten nuestra existencia en un verdadero valle de lágrimas.

Las cuatro necesidades de las que hablé anteriormente se mantienen vivas por creencias o condicionamientos psicológicos, éstos son los que las hacen veraces aún en la edad adulta y dan origen a nuestro valle de lágrimas.

Necesidad de pertenencia

Está presente el miedo a la soledad, y los "títulos de propiedad" son una garantía para no experimentarlo, por eso tiene tanto efecto psicológico el sistema capitalista que avala la legalidad de la propiedad privada. A causa de esta necesidad muchas parejas, aún cuando ya tengan muchos años separados o no exista ninguna liga emocional, no se atreven a divorciarse. Algunos dirán que el divorcio es un pecado que se paga con el infierno, otros que "lo que Dios unió no lo separe el hombre", es decir, introyectos religiosos que muchas mujeres y también hombres enarbolan. O "aunque ya estemos divorciados, ante Dios sigues siendo *mi*..." .

Muchos padres de familia usan como amparo los títulos de propiedad llamados actas de nacimiento para validar la pertenencia de sus hijos, "quieras o no eres y seguirás siendo mi hijo toda la vida hasta que yo me muera".

El hecho de estar divorciados también esconde otro truco psicológico avalado por el acta de divorcio, documento que hace posible la existencia del prefijo *ex*. Por eso, se habla pomposamente de "mi ex", porque predomina el efecto del pronombre posesivo *mí*, y después del *ex*, el concepto que proporciona el sentido de pertenencia: mi exmarido, mi exesposa, mi expatrón, mi extrabajo, etcétera. Así, se entiende (no se justifica) que después del matrimonio las mujeres firmen como Camerina Rodríguez de Silva (nombre real de mi madre), y que en algunas sociedades como la norteamericana, las mujeres cambien su apellido por el del hombre que las "posee" (se oye feo pero así es).

Como conclusión, lo que permite que el sentido de pertenencia siga vigente es el miedo a la soledad, carencia que requerirá más adelante una explicación como una forma de liberación.

Necesidad de seguridad

Atrás de esta necesidad se esconden la creencia y el impulso instintual de la sobrevivencia. Muchas parejas se mantienen unidas más por esta necesidad que por amor.

La búsqueda de la seguridad es la más difícil de trascender, según Maslow, y la vemos reflejada en la gran cantidad de seguros que existen: de vida (por cierto, es un engaño mercadológico pues nadie puede asegurarte la vida), de auto, de casa y ¡hasta de partes del cuerpo! Es cierto que detrás se esconde una lucha desesperada por la sobrevivencia, y es así como convertimos al futuro en una verdadera amenaza, por el miedo a perder la seguridad. El sentido de pertenencia hace posible la aparición del control, y el tamaño de éste será en función del tamaño del miedo a perder lo controlado.

Necesidad de estima

Es una necesidad más sutil y difícil de aceptar porque nuestra educación en la "humildad" no nos permite aceptar abiertamente que necesitamos el reconocimiento y validación de los demás. Las dos necesidades anteriores (de pertenencia y de seguridad) están avaladas por los convencionalismos sociales, es decir, se aceptan de forma masiva, pero la necesidad de estima y la de amor tienen un tinte más personal, más egoísta, dirían algunos defensores de la fraternidad y el humanitarismo. La necesidad de estima es la que nos impulsa de manera inconsciente, preconsciente o muchas veces consciente a realizar nuestras actividades con un interés oculto de ser reconocidos y valorados. Atrás de este impulso natural se esconde el objetivo de que los demás (sobre todo los más significativos) se sientan orgullosos de nosotros. La creencia implícita es que nadie que se sienta orgulloso de nosotros nos va a "abandonar" (pertenencia) ni a agredir (seguridad), por tanto, la necesidad de estima también tiene como trasfondo la necesidad de pertenencia y de seguridad. De hecho, recordemos que al sentirnos valorados nos sentimos respetados y, por tanto, dignos de ser amados.

Necesidad de amor

Si la necesidad de estima es un tema delicado por el contenido personal, la necesidad de amor lo es aún más. Si algo nos hace felices de ser lo que somos es el hecho de sentirnos amados, es lo que nos da la dignidad de seres humanos, lo que nos hace sentirnos respetados y valorados. Estas dos necesidades son las que hacen posible con más frecuencia las dependencias y codependencias, y en consecuencia, la creación de nuestro valle de lágrimas. Por eso nos sorprendemos tanto cuando vemos a quienes permiten que su dignidad como seres humanos sea pisoteada a cambio de seguridad y pertenencia. Muchas veces hemos sido testigos del drama "no me importa que tengas otra pero no me dejes", "no me importa que no me des mi lugar, que no me respetes o valores, pero no me pidas que me vaya de tu lado"; el arte y las canciones también se regodean en esta necesidad psicológica:

Ódiame por piedad yo te lo pido
ódiame sin medida ni clemencia
odio quiero más que indiferencia porque
el rencor hiere menos que el olvido.

Si tú me odias quedaré yo convencido
de que me amaste mujer con insistencia
pero ten presente de acuerdo con la experiencia
que tan sólo se odia lo querido.

(Fragmento de una canción de dominio popular)

He aquí nuestro valle de lágrimas. Sin embargo, poca gente puede percatarse del engaño, del condicionamiento psicológico oculto en todo esto que parece como algo natural y normal. Ahora veamos la otra realidad.

El secreto del nutrimento emocional

El nutrimento emocional es el camino para la liberación de las dependencias y codependencias, es el último escalón para la sanación y el crecimiento emocional, y tiene dos elementos:

1. *Descubrir el engaño mediante el cual le damos validez a las necesidades que nos limitan.* Aquí conviene utilizar la sentencia "lo que en la infancia fue carencia, en el adulto queda como creencia"; cada vez estoy más convencido de esta realidad. Nuestra formación y educación nos han llevado a creer en la victimización, misma que nos lleva a la conmiseración, y de ahí, a la justificación de la irresponsabilidad.

Si a estas alturas de la vida resulta que me estás leyendo, es obvio que tus necesidades fueron trascendidas, de alguna manera, porque estás vivo. Por tanto, tus "carencias" sólo son creencias; es un autoengaño creer que alguien te está "llenando tu copa", pues la dependencia y la codependencia son creaciones de la mente. Dicho de otra manera, el valle de lágrimas es una creación de cada uno de nosotros.

2. *El descubrimiento de su existencia en nosotros, es decir, desmitificar la "carencia".* En este punto hablaré de dos métodos que nos ayuden a desmitificar la carencia y, en consecuencia, descubrir la existencia de estas condiciones psicológicas en nosotros. Cualquiera de los dos puede funcionar, aunque si utilizamos ambos quedaremos más completos y cercanos a la sanación y el crecimiento personales.

El primer método es el *autonutrimento emocional* que significa que cuando no hay nadie que pueda "llenar nuestra copa" (cubrir nuestras carencias emocionales) existe la posibilidad de darnos a nosotros mismos lo que creemos que necesitamos.

Debemos aceptar que formar parte (pertenencia) de una pareja, de una familia, de un grupo social, o de una sociedad completa es algo disfrutable, pero también es importante desmitificarlo como una necesidad existencial, es decir, el hecho de pertenecer o de poseer no es un requisito para existir.

Por eso, cuando fallan los títulos de propiedad, por mil motivos, aparece el fantasma de la soledad, pero de ninguna manera estamos en riesgo de desaparecer de la faz de la Tierra. La necesidad de pertenencia tiene un componente principalmente existencial, se cubre con los roles sociales (papá, mamá, hijo, hermano, amigo, etcétera) que son los que nos hacen sentirnos parte de algo o de alguien, por lo que la ampliación de conciencia consiste en darnos cuenta y aceptar que aunque nuestro rol ya se haya terminado aún así existimos. Nadie que deje de ser papá, mamá, hermano, esposa o esposo deja de existir pues nos tenemos a nosotros mismos. También debemos recordar que nunca estaremos solos mientras otro igual a nosotros habite en este planeta. No estás solo, te tienes a ti mismo.

Tenemos la capacidad de darnos seguridad personal sin que alguien nos la brinde, sin que necesariamente los demás confíen en nosotros. Debemos recordar que la seguridad personal tiene su origen en la confianza que de niños los adultos tenían en nosotros. Como sucede con frecuencia, esto no se da por el miedo de los adultos para confiar en los pequeños. Sin embargo, a pesar de esa desconfianza sigues vivo, me estás leyendo. Tu copa no esta vacía, puedes confiar en ti.

La seguridad es algo subjetivo, es decir, sólo corresponde al sujeto mismo. Siempre he dicho que tanto el miedo como la fe son subjetivos, depende de cada quien. Nadie puede darte más seguridad que la que tú mismo te brindes.

Nadie puede tenerte tanta fe como la que tú mismo te tienes. Confía en ti, sobre todo aquello que sabes está dentro de tus posibilidades porque ya hay antecedentes que validan tu confianza.

Podemos entender y aceptar que ante la ausencia del reconocimiento de los demás existe la autoestima, la autovaloración, esto no es ningún lavado de cerebro ni autoengaño puesto que está argumentado que nuestro valor no nos lo da lo que hacemos o tenemos, sino simplemente lo que somos: seres humanos. Nuestra valía no consiste ni está fundamentada en lo que hacemos o tenemos, por tanto, podemos cambiar nuestra creencia en la necesidad de que los demás estén orgullosos de lo que somos para garantizar la pertenencia y la seguridad. Es decir, podemos *sentirnos orgullosos* de lo que somos. Decía Jorge Bucay en alguno de sus primeros libros, "no basta con aceptarnos a nosotros mismos, también hay que estar orgullosos de lo que somos". Sólo podemos sentirnos orgullosos de lo personal, de lo mío, de lo que ha tenido un efecto en mí mismo. Sólo puedo sentirme satisfecho del efecto de mis acciones en los demás.

Que en el caso de la necesidad de amor, si hay alguien que nos ame será lo más maravilloso, pero que si esto no es posible, puedo reconocer mi propia dignidad como ser humano, sentirme digno de mí mismo, de lo que tengo y de lo que soy. Sentirnos dignos y orgullosos de nosotros mismos es amarnos como y por lo que somos. Esto no es ni egoísmo ni egocentrismo, es amor propio. Y estoy seguro que somos merecedores de ello porque la dignidad como seres humanos la traemos desde el momento en que nacemos.

El segundo método es una paradoja: *recibir dando*.

Muchas veces se ha hablado, escrito y hasta hecho canciones sobre este tema, pero a mi juicio nunca se ha explicado el fundamento psicológico.

Si en lugar de esperar afanosamente recibir "lo que necesitas" te dedicas a darlo a los demás, sucede algo maravilloso

(siempre y cuando no lo des esperando recibir lo mismo): se lo das a la vida dentro de ti. Es falsa aquella premisa tan popular de que "nadie da lo que no tiene", porque todos tenemos algo para dar, sin embargo, no nos damos cuenta porque no nos lo habían dicho, vivíamos en el engaño. En otras palabras, vemos lo que tenemos hasta que lo damos a los demás.

El hecho de permitir la toxicidad indica que todavía somos inmaduros en el sentido emocional. Lo importante es poner en entredicho el carácter de necesidades psicológicas y no sentarnos a esperar a que lleguen milagrosamente de los demás, sobre todo de quienes elegimos. Recordar que tenemos la capacidad y el arte de crear estas necesidades, de darles vida dentro de nosotros mismos y compartirlas con quienes decidamos. Tampoco estoy diciendo que con todo mundo, aunque no sería imposible, pero con que lo hagamos con nuestros seres queridos sería suficiente. La paradoja de este método es que *cuando das, inconscientemente tu cerebro lo reconoce como algo propio.*

Nadie da lo que no tiene, demuéstrate a ti mismo que lo que has buscado afanosamente en los demás es algo que en realidad ya tienes. Y si puedes darlo es porque lo tienes para ti mismo. Veamos los siguientes tips:

1. Cada vez que sea necesario diles a los demás que te tienen a ti (el mensaje para el cerebro es "y yo me tengo a mí mismo").
2. Cuando las circunstancias lo requieran diles a los demás que confías en ellos (el mensaje para el cerebro será "confío en mí mismo").
3. Cuando sea prudente diles a los demás lo valiosos que son (el mensaje será "yo también soy valioso").

4. Finalmente, cada que puedas diles a los demás que los amas (el mensaje final será "me amo a mí mismo").

Por eso, parafraseando un poco a Jesús, "el cristo", con lo que él mismo considero como el primero y el más grande de todos los mandamientos: *amarás a tu Dios y a tu prójimo, porque sólo así te darás cuenta de que te amas a ti mismo.*

Ahora bien, voy a concederle el carácter de necesidad, real y permanente a una de ellas: el amor, pero no en el sentido de recibirlo sino de amar (*To love somebody*, dirían los Beatles).

Ya hablé suficiente del dolor por lo que no es amor en un capítulo anterior, por tanto, me complace cerrar esta disertación con la siguiente frase llave para que la apliquen en su vida y la dediquen a quien corresponda: nada es necesidad, excepto amarte.

El poder ignorado que todos llevamos dentro

La vida es una decisión, una elección... no una obligación

Este tema lo desarrollé en los psicoencuentros después de terminar mi primer libro. Tenía la intención de que fuera uno de los primeros capítulos de este libro pero, seguramente no se dio así porque tiene mucho que ver con mi historia personal.

Hasta ahora he estado hablando de factores que inducen al sufrimiento y del misterio de la sanación emocional. Somos seres humanos, y tenemos muchas limitaciones pero también muchas capacidades ignoradas. Considero que muchas veces la sanidad emocional y el desarrollo personal están en función del reconocimiento de nuestras capacidades, que la dificultad de trascender los condicionamientos psicológicos que nos detienen no son otra cosa sino el resultado de nuestra incapacidad para ver nuestras verdaderas posibilidades.

He llegado a la conclusión de que muchas veces hacemos cosas que, según nosotros, van de acuerdo con nuestros deseos y metas, incluso podemos llegar a creer que nuestros actos o comportamientos, que consideramos sanos, no le hacen daño a nadie, ni siquiera a nosotros mismos.

Con frecuencia estamos equivocados porque no somos capaces de ver otra realidad, o por lo menos, no queremos verla. Quise cerrar este libro con la naturaleza de la sanación emocional y, en consecuencia, con el crecimiento personal. Al reconocimiento de nuestro potencial lo he llamado el poder ignorado que todos llevamos dentro, un potencial para detener las batallas entre mi presa y depredador internos, para sanar las heridas por las pérdidas y por lo que no es amor sino dependencia y codependencia. Deseo que comprendan que nuestra naturaleza humana contiene el potencial para la sanación y el crecimiento personales, pero suceden cosas para que nuestra conciencia no lo vea. En este capítulo abordaré las razones por las que no nos consideramos capaces de ver y experimentar este potencial.

El poder o potencial es la capacidad real y humana que todos tenemos para lograr nuestros propósitos. En la literatura existen muchos testimonios que comprueban esta capacidad. Grandes hechos y proezas que han quedado registradas a veces por los mismos actores, como el caso de la sobrevivencia al holocausto de Viktor Frankl, fundador de la logoterapia.

Me refiero a la capacidad ignorada que todos tenemos para salir del hoyo existencial o emocional en el que nos encontramos; para romper actitudes que van en contra de la salud emocional de nuestro seres queridos y muchas veces en contra de nosotros mismos. A nuestra capacidad para apaciguar el rol de depredador o de presa, tanto interna como externa; para dejar de buscar la superioridad compitiendo con los demás, convirtiéndonos en depredadores productores de agresión y violencia, lo mismo que para abandonar el rol de presa o víctima al reconocer que el complejo de inferioridad es sólo un condicionamiento psicológico generado en la infancia. La capacidad y poder para vencer las codependencias, los "no puedo, no tengo herramientas", para vencer hábitos nocivos o adicciones degradantes.

El poder como movimiento, como la capacidad de hacer algo diferente a lo que hasta la fecha hemos hecho por ceguera, egoísmo o por convencionalismos sociales. El poder como la capacidad para transformar nuestras vidas hacia lo positivo en lo personal y en lo colectivo. El poder y la capacidad para hacer lo necesario para que podamos estar en paz y armonía con nosotros mismos, satisfechos de lo que somos y de lo que tenemos, sin llegar al conformismo. Y tal parece que en la historia de la humanidad encontraremos una gran cantidad de casos de personas que se dieron cuenta de esta capacidad y dejaron su historia, aunque por desgracia son muy pocos considerados con el tamaño de la población mundial, ¿esto qué quiere decir? Que la mayoría de los seres humanos no hemos visto esta posibilidad, ¿por qué?

De alguna manera y sin ser conscientes de ello, renunciamos a esta capacidad. Preferimos seguir jugando el rol de víctimas, de presas del medio ambiente. En *Frases llave...* hay un capítulo que aborda al poder, se llama "Cada vez que renuncias a tu poder, lo dejas en manos de otros". Sí, pienso que muchas veces es una renuncia involuntaria, y también es consciente o semiconsciente. Cuando es consciente le llamo sinvergüenzada.

Ya sea consciente o inconsciente, ¿por qué renuncio a esta capacidad? Quizá la mayoría de las veces es por ignorancia. Estoy convencido que desconocemos esta capacidad en nosotros. Ahora bien, ¿por qué la desconocemos? La respuesta es lógica: no, no nos lo enseñaron; aunque también puede ser intuida, como sucedió con muchas personas que lograron ser grandes personajes sin grandes maestros. Los que no lo intuyeron tuvieron quienes les enseñaran la existencia de estas posibilidades, por eso, hay sabios sin maestros y quienes tuvieron maestros sabios y se hicieron sabios.

La verdad es que la mayoría de los seres humanos ni siquiera sospechamos de la existencia de este potencial. Crecemos y somos lo que somos por la pequeña cantidad de agua que nos llega del exterior, sin saber que nosotros mismos podemos descubrir un manantial personal, como en "La ciudad de los pozos", cuento escrito por Jorge Bucay.

Ese manantial interno que sólo es posible descubrir escarbando hacia lo profundo, deshaciéndonos de toda la basura de la que nos hemos llenado en el camino y que nos impide escarbar, basura que hemos recogido en nuestras casas, en la escuela, en las religiones y en la sociedad. Basura que traduzco como condicionamientos psicológicos que niegan la posibilidad de la trascendencia personal. Por ahí leí alguna vez que el único pecado imperdonable es la ignorancia, pero desconocemos nuestro potencial porque nadie nos ha hablado de él. O si nos han hablado no les hemos creído, miles de profetas del crecimiento y la sanación personal han dejado sus voces perdidas en el desierto, libros en los libreros, canciones en el olvido, testimonios en los altares, en las estatuas, en los monumentos y en las tumbas.

Poca gente conoce el poder que para la inmensa mayoría de nosotros permanece ignorado, por eso, desearía que este nuevo mensaje que está en tus manos no termine siendo un libro más en tu acervo cultural.

Otras veces ese sentimiento de incapacidad lo induce nuestra propia cultura, que se empeña en hacernos creer que está bien "no poder", que es preferible ser presas, humildes y dejados. Que ser depredadores es un pecado que se paga con el infierno (no estoy diciendo que ser presa sea bueno).

También es cierto que muchas veces renunciamos a nuestro potencial por miedo a darnos cuenta de lo que somos capaces, a nuestra luz, a nuestro potencial, a nuestra capacidad de ser libres de ataduras psicológicas. Todo esto por la creencia de que ser libres nos puede llevar al camino de la locura, ¡ayuda, no hay nada que me detenga! Abraham Maslow decía que no sólo le tememos a lo peor de nosotros, sino a nuestra propia brillantez.

Otra posibilidad por la que renunciamos, un poco conscientes, a nuestro poder interno es porque estamos acostumbrados a nuestra zona de confort. Entonces nuestra vida se rige por la ley del menor esfuerzo; no corremos riesgos, no hacemos esfuerzos ni intentos, todo está bien, no pasa nada. Así es la vida, no se puede tener todo. Confórmate con lo que tienes, no me muevan las aguas, etcétera.

Otras veces renunciamos a él por ganancias secundarias. Por ejemplo, una empresa tenía junta de trabajo con los jefes de las distintas áreas. Estaba un técnico en informática que se encargaría de registrar la minuta de la sesión. Durante el desarrollo de la junta se vertieron diferentes propuestas de mejora y solución de problemas pero ninguna era convincente. En un momento de silencio, el técnico que estaba llevando la minuta, habló y dio una sugerencia que a los asistentes les pareció maravillosa. Luego le preguntaron: "¿Si usted tiene tanta inteligencia, ¿por qué la oculta?". El técnico respondió: "Es que si demuestro mi inteligencia me van a exigir más". Claro, para qué comprometerse.

La terapia funciona porque el paciente confía en mí, me da su poder, y lo ayudo a creer y confiar en él. Sólo él tiene el poder de sanar. El poder de crecer está en todos pero muchos no lo saben, y qué bueno, de lo contrario los psicólogos nos moriríamos de hambre o no existiríamos.

No poder o no tener ganas es una decisión, una programación. Sería mejor decir "no quiero tener ganas" (¿para qué quiero saber lo que quiero sino voy a tener el valor de lograrlo?) Veamos algunas causas por las que no usamos nuestro potencial humano:

Los condicionamientos psicológicos

Muchas de nuestras "incapacidades" son autoprogramaciones. Somos nosotros quienes de manera inconsciente creemos y creamos nuestros condicionamientos psicológicos. La salud emocional y la trascendencia personal tienen mucho que ver con esto. La frase "no puedo" es válida en los infantes, en los adultos es una estrategia para seguir jugando el rol de presa o de víctima. Sería mejor decir "sí puedo pero no quiero". Un principio de la terapia Gestalt dice "haz de tu vida una elección, no una obligación".

El cerebro es literal, cuando dices "no puedo" se lo cree, lo hace real, y entonces lo das por hecho. De ahí la frase "si lo crees, lo creas".

La expresión "no puedo" está ligada a nuestra historia personal y social. El complejo de inferioridad es natural en los niños, pero tal parece que la programación continúa durante la edad adulta. *Usted puede sanar su vida* es un libro de Louise L. Hay con el que estoy de acuerdo. Si instalo en mí la creencia de que "no puedo" entonces lo decreto y lo convierto en un determinismo, cuando en realidad sólo se trata de un condicionamiento psicológico.

Algunas personas pensarán que se trata de una cuestión de fe, y en efecto, así es. La fe no en el sentido religioso sino como una creencia ciega solamente (que también existe y es real), una fe que se fundamente en evidencias, no en creencias.

Sabemos de evidencias gracias a los testimonios de personas que lo han logrado y sobre todo, por lo que nosotros también hemos logrado. He escuchado a personas que dicen "si pude dejar el cigarro, también puedo dejar el alcohol" y estoy seguro de que así es, esas son las evidencias que fundamentan la fe. Otra frase es "si ya pudimos superar el problema x, que no podamos superar el problema que estamos viviendo", "hemos pasado por situaciones más difíciles y lo hemos logrado". A esto me refiero con el hecho de que la verdadera fe se sustenta en evidencias. Como conclusión diré que la posibilidad de la sanación emocional y del crecimiento personal se fundamenta en la fe de que tenemos esa capacidad. Y la naturaleza de la fe se traduce en confianza, en certeza. Ten cuidado con lo que te propongas, porque vas a lograrlo.

Como mencioné al principio del libro, muchas veces ya estamos sanos pero no queremos darnos cuenta de eso. De igual manera podemos confiar en que ya podemos salir del hoyo en el que nos encontramos sólo que no lo sabemos. Tenemos la capacidad para apaciguar nuestra presa y depredador internos porque ya sabemos cuál es su origen y naturaleza. Podemos dejar de ser presas y depredadores externos porque ya sabemos su origen y objetivo neurótico.

Sin embargo, es importante recordar que tenemos un enemigo enfrente que se encargará de sabotearnos en esta realidad: la duda.

La duda y el escepticismo abren la puerta al miedo, y desde el miedo, nada será posible. Recuerdo aquel hermoso pasaje bíblico que fundamenta lo que estoy diciendo: Jesús caminó sobre las aguas y llegó hasta la barca de los pescadores. Pedro, que se había quedado en la orilla, se maravilló y le preguntó al maestro: "¿Yo también puedo caminar sobre las aguas?". "Si tienes fe, puedes", respondió Jesús. Y Pedro caminó sobre las aguas del mar, pero antes de llegar a la barca le dio miedo (duda) y se empezó a hundir. Al verlo, Jesús se acercó hasta él, lo tomó de la mano, lo sacó del agua y lo llevó a la barca no sin antes decirle: "Hombre de poca fe, ¿por qué tuviste miedo?".

La duda es nuestro principal enemigo, con ella nos saboteamos y le damos la entrada al miedo. Si dudas, nada de lo que te propongas lograrás.

El poder del medio ambiente

Tiene que ver con nuestras costumbres, cultura y educación, es decir, con los convencionalismos sociales de los que ya hablé ampliamente en los factores que inducen al sufrimiento. Estos condicionamientos también tienen un poder contenedor de nuestras capacidades y posibilidades, o sea, existen cosas para salir del atolladero en el que te encuentras que puedes hacer pero no debes, que un convencionalismo social te impide y surge la idea "quiero creer que no puedo, porque no debo". ¿Para qué quiero saber y aceptar lo que puedo hacer si no voy a tener el valor para hacerlo? Porque si lo hago la sociedad me lo va a recriminar. Todos sabemos que la sociedad es la creadora de los convencionalismos sociales.

Muchas veces renunciamos a nuestra capacidad para resolver un problema porque no queremos ir en contra de lo que la sociedad ha dictado. El *deber de* y el *tener que* están fundamentados en lo que la sociedad quiere, no en lo que tú realmente necesitas. Probablemente, en el siguiente libro aborde este tema que ya está en el tintero, "el poder controlador de los *debes*".

Si rompes un convencionalismo te apedrean, aunque éste sea productor de sufrimiento. Sin embargo, he llegado a la conclusión de que la persona que más crítica es quien tiene más ganas de hacer eso que critica. Las personas que se meten en tu vida lo hacen porque no saben qué hacer con la suya; están vacíos.

El complejo de Jonás

Esta reflexión está inspirada en la teoría de Abraham Maslow. Algunas veces renunciamos a nuestras capacidades simplemente porque no queremos hacer uso de ellas, es decir, en este caso no es por ignorancia ni porque la sociedad te lo impida, sino porque renuncias a ese poder.

Renunciar a nuestros talentos es imperdonable y pagamos un costo por ello. Cuando en el pasaje bíblico se habla de cómo Jonás se esconde para no profetizar le pasan cosas terribles. El barco en el que se escondió estuvo a punto de naufragar por una gran tormenta y luego lo arrojaron al mar, ¡y se lo trago una ballena! Si renuncias a tus capacidades no sólo dejas de avanzar en tu proceso de sanación emocional y crecimiento personal sino que te quedas sepultado, atorado y empiezas a atrofiarte a ti mismo (lo que no se usa se atrofia). Cuando renunciamos a lo mejor que podemos ser o estar, renunciamos también a ese poder y a esa capacidad que por ende, se van paralizar. ¿Cuántos años llevas ya en tu propia tumba?

También es importante recordar que los límites forman parte de la vida. No quiero convertir o vender la idea de que somos omnipotentes, eso sólo le corresponde a Dios.

Él tiene su propia chamba, no estoy hablando de sustituirlo. Por eso, insisto en hablar de nuestras capacidades humanas, aunque queramos no podemos evitar lo inevitable y no podemos lograr lo que es imposible de lograr. Siempre podremos alcanzar lo que esté dentro de nuestras capacidades personales.

Además es importante saber que lo que podamos hacer siempre será posible desde el amor, nunca desde la exigencia, imposición, control o berrinche. Si corriges o apoyas hazlo con amor, si te corriges a ti mismo hazlo con amor, eso garantiza buenos resultados. Y sobre todo siéntete merecedor de sanar, de estar y vivir bien. Participa en la instalación de esta realidad en los menores, sean tus hijos, amigos o nietos. Vacúnalos contra la tendencia a vivir en el sentimiento de inferioridad, haz lo que le decía mi querida amiga, compañera, y colaboradora "Luigivi" Pelayo a su pequeño nieto:

Cada vez que te enfrentes a algo
que pienses que no vas a poder superar,
o que te dé mucho miedo enfrentar,
recuerda y repite lo siguiente:
yo soy, yo puedo, yo valgo.

El secreto de la sanación emocional y el crecimiento personal

terminó de imprimirse en 2014
en Litográfica Ingramex S. A. de C. V.
Centeno 162-1, Col. Granjas Esmeralda,
Del. Iztapalapa, C. P. 09810, México, D. F.